MANUELA GASSNER

WENN NICHT JETZT WANN DANN?

Ressourcenschonend und nachhaltig gärtnern

KOSMOS

INHALT

Nachhaltig gärtnern

Wenn nicht jetzt, wann dann?

Ressourcenschonend gärtnern!

Ich bin in einem Großstadt-Schrebergarten aufgewachsen. Gärtnern ist seit meiner Kindheit ein Teil meines Lebens. In meinem Erwachsenenleben hatte ich einen eigenen Schrebergarten, eine Ökoparzelle und war in einem Gemeinschaftsgarten. Heute schätze ich mich glücklich über einen kleinen Hausgarten und bewirtschafte ein großes Selbstversorgerfeld. Das kreative Gärtnern, der Anbau, die Pflege und Ernte von Obst, Gemüse und Kräutern begleiten mich durch alle Jahreszeiten.
Die Nähe zur Natur, zum Garten, zu Nahrungsmitteln und mein Beruf konfrontieren mich aber auch mit vielem was schiefläuft – der anthropogene Klimawandel, die Umweltverschmutzungen an Land, im Wasser und in der Luft, der Verlust der Biodiversität und ganzer Ökosysteme, die Ausbeutung von Menschen, Tieren und der Natur. Das alles ist menschengemacht und trotz des Ausmaßes bin ich davon überzeugt, der Mensch und die Gesellschaften können sich zum Positiven ändern und verantwortungsbewusst eine sozial-ökologische Zukunft gestalten. Dafür erfordert es einen bewussten und schonenden Umgang mit materiellen und immateriellen Ressourcen. Obwohl keine Ressource getrennt betrachtet werden kann, denn alles ist miteinander verbunden, gliedert sich dieses Buch zur besseren Übersicht und Lesbarkeit in Kapitel über einzelne Ressourcen. Innerhalb dieser Kapitel versuche ich, dir spezifische Informationen zu vermitteln und sie in den Zusammenhang mit anderen Ressourcen zu stellen. Es gibt keine geschlossenen Kreisläufe, alles ist offen und interagiert miteinander, somit gibt es häufig keine einfachen und schon gar keine absoluten Antworten. Es ist stets ein Abwägen, Ausloten und Entscheiden für oder gegen etwas. Ich habe mich beispielsweise bewusst dafür entschieden, kein Kapitel über die „Ressource" Insekten und andere Tiere zu schreiben, denn sie sind Teil des ganzen Systems und werden in fast jedem Kapitel angesprochen.
Angesichts der Fülle an Informationen, Wissen, stetigen Veränderungen, komplexen Zusammenhängen und den lokalen und globalen Auswirkungen unserer Handlungen, ist dieses Thema eine große Herausforderung. Deshalb freue ich mich, wenn du mit der Lektüre interessantes Grundlagenwissen erlangst, Zusammenhänge besser erkennst und dadurch zu einem ressourcenschonenden Gärtnern motiviert wirst. Auf in den Garten!

Manuela Gaßner

„Probleme kann man niemals mit derselben Denkweise lösen, durch die sie entstanden sind.“

Albert Einstein

MENSCH & RESSOURCEN

VIELFALT STATT LANGEWEILE

Seit der neolithischen Wende vor 7000 bis 10.000 Jahren hat sich viel getan – durch Züchtung haben wir heute eine unglaublich große Auswahl an Gemüsesorten.

Vielfalt – gesund und bunt

Der Mensch und sein Garten

Der eigene Garten ist eine Oase – eine Quelle der Freude. Hier gestaltet und pflegt man mit den eigenen Händen ein Stückchen Erde und kreiert eine Vielfalt schöner und ökologischer Gärten.

Früher waren Gärten ein Muss, denn ein Teil der Selbstversorgung wurde so gewährleistet. Gute und schlechte Erträge hatten einen direkten Einfluss auf die Familie. Heute ist im Grunde niemand mehr auf die eigenen Erträge angewiesen, wir leben in einer Zeit der vollen Lebensmittelregale. Der Garten ist oft ein Hobby und erfüllt, neben dem Anbau von eigenem Gemüse und Obst, auch die Funktionen als Freizeitort für Familie und Freunde. Dennoch tragen wir auch ein Stückchen Verantwortung mit dem eigenen Garten. Im Zeitalter der Wasser- und Luftverschmutzung, des Klimawandels, des Verlusts der Biodiversität und der Bodendegradation können wir mit einem ressourcenschonenden Garten im Kleinen unseren nachhaltigen und verantwortungsbewussten Beitrag leisten.

KULTUR KOMMT VON URBARMACHUNG

Die Neolithische Wende vor 7000 bis 10.000 Jahren war eine einschneidende Veränderung in der Menschheitsgeschichte. Das ursprüngliche Nomadentum wurde weltweit durch die Sesshaftwerdung des Menschen abgelöst. Sesshaft zu sein erfordert, dass Lebensmittel dauerhaft dort gefunden werden, wo gelebt wird – d. h., Pflanzen müssen kultiviert und Tiere domestiziert werden. Ackerbau und Viehzucht waren erfunden – die *Agricultura*. Im Lateinischen bedeuten *ager* „Acker, Flur, Gefilde" und *colere* „pflegen, bebauen" bzw. *cultūra* „Bearbeitung, Pflegen, Bebauung, Anbau". Unser Begriff der Kultur hat somit seinen Wort- und Bedeutungsursprung in der Pflege eines Ackers, der Urbarmachung eines Flurstücks. Das bedeutet im Rückschluss aber nicht, dass Kultur sich erst mit der Sesshaftigkeit entwickelte. Denn die aktuell ältesten Funde menschlicher Kultur, Höhlenmalereien in Indonesien, stammen aus einer Zeit weit vor der Neolithischen Wende und sind über 45.000 Jahre alt. Mit dem Beginn der *Agricultura* griff der Mensch erstmalig und großflächig in die natürlichen Gegebenheiten

„Alles, was gegen die Natur ist, hat auf die Dauer keinen Bestand."

Charles Darwin

einer Landschaft ein und formte die Natur, wie er sie brauchte oder wie sie ihm gefiel. Mit der Erfindung von Werkzeugen und technischen Geräten beschleunigte sich dieser Prozess und viele Landschaften wären heute für den „alten" Menschen nicht mehr erkennbar.

MENSCH – TECHNIK – NATUR

Werkzeuge reduzieren den nötigen Kraft- und Körpereinsatz. Die Geschwindigkeit und das Ausmaß, wie die Menschen ihre Umgebung verändern konnten, nahm und nimmt immer weiter zu – in einem rasanten Tempo. Musste früher das Saatgut mühsam mit einem Stück Holz in den Boden eingebracht werden und Getreide tagelang gemeinschaftlich mit einer Sichel geerntet werden, ist die Technik heute so weit, dass wenige Menschen mit großen PS-starken Landmaschinen diese Arbeit übernehmen. Die Entwicklung bewegt sich hin zu autonomen Traktoren, Ernterobotern oder vollautomatischen Indoor-Farmen, die teilweise mit künstlicher Intelligenz funktionieren und somit fast keine Menschen benötigen. Die Distanz zwischen Menschen und Gartenbau bzw. Landwirtschaft wurde und wird immer größer. Der Mensch macht sich selbst überflüssig. Der technische Forschritt hat aber auch einige Vorteile, wie weniger schwere und gefährliche körperliche Arbeit, geringere Boden- und Klimaabhängigkeit, effizientere Arbeitsstrukturen, höhere Erträge, globale Transportmöglichkeiten, billigere Preise. Aber auch Nachteile, wie Umweltzerstörung, unsoziale Produktion, Arbeitslosigkeit, monopolartige Dominanz globaler Konzerne, Bodendegradation, Wasser- und Luftverschmutzung, Lebensmittelverschwendung, Intransparenz, reflektiertes ökonomisches Handeln und eine Entfremdung zur Lebensmittelproduktion und Umwelt.
Der treibende Faktor der heutigen Zeit ist: Alles in jeder Menge, zu jeder Zeit und ohne Rücksicht auf sozial-ökologische Externalitäten. Ist diese Ausbeutung ein „kultiviertes" Verhalten? Offensichtlich nicht, denn die Urbarmachung von Ackerflächen bedeutet nicht Zerstörung und Degradierung, bis die nächsten Generationen vor einem Trümmerhaufen stehen, sondern, eine ökologische

Die technischen Entwicklungen in der Landwirtschaft und im Gartenbau prägen heute unsere Landschaft.

Kultivierung innerhalb eines nachhaltigen und ressourcenschonenden Rahmens. Im eigenen Garten übernimmt man Verantwortung, baut einen Bezug zur Natur auf, lernt Zusammenhänge kennen und wirkt gegen die Entfremdung. Gärtnern geht sogar so weit, dass Menschen nicht nur eine Beziehung zur Natur und Umwelt aufbauen, sondern sich selbst wiederfinden.

Was sind Externalitäten?

Externalitäten beschreiben Kosten, die bei der Produktherstellung entstehen und nicht in den Marktpreis eingerechnet werden. Diese Kosten beziehen sich auf Wasser- und Luftverschmutzung, Boden- und Ökosystemzerstörung, soziale Ungerechtigkeit, Tierleid und eine schlechtere Zukunft für die nächsten Generationen. Umweltschädliche und unfaire Produkte sind so billig, weil die Schäden nicht einberechnet werden.

GEGEN DIE ENTFREMDUNG

In den 1960er-Jahren konnte hierzulande ein Landwirt 17 Menschen mit der täglichen Arbeit ernähren, 2019 waren es bereits 137 Menschen – Technik, Transportmöglichkeiten, Düngung und Züchtung machen es möglich. Die Arbeitswelt hat sich in den letzten Jahrzehnten stark verändert, noch nie arbeiteten so wenige Menschen in Deutschland im Gartenbau oder in der Landwirtschaft. Haben wir uns dadurch von der Landwirtschaft, vom Gärtnern und der Natur entfremdet? Sicherlich! Das ist möglicherweise auch ein Grund, warum immer mehr Menschen, beim Gärtnern auf dem Balkon, im eigenen Schrebergarten, im Gemeinschaftsgarten oder als Mitglied einer Solidarischen Landwirtschaft, wieder den Kontakt zu ihren Lebensmitteln und der Umwelt suchen. Intransparente Produktions- und Handelsketten und globale Transportwege gibt es hier nicht – man weiß woher das Essen kommt, wie es angebaut wird und kann sich ökologisch und sozial engagieren. Der Saisonkalender ist keine unübersichtliche Tabelle mehr, sondern täglich erfahrbar. Selbst zu gärtnern bereichert den eigenen (Familien-)Alltag, beinhaltet kontinuierliches Lernen, ist Vorbildfunktion und zugleich zukunftsweisend.

Immer weniger Menschen arbeiten heute in der Landwirtschaft. Verlieren wir damit den Bezug zu unseren Lebensmitteln?

Der Mensch und die planetaren Grenzen

Der Mensch hat die Umwelt in einem unglaublichen Ausmaß verändert, zerstört und ausgebeutet. Das hat Auswirkungen auf den Menschen selbst, auf Tiere, Ökosysteme und das Klima. Es ist längst überfällig, die planetaren Grenzen zu respektieren und Ressourcen zu schonen.

Vor der Globalisierung und Industrialisierung waren die Handlungsfolgen räumlich und zeitlich begrenzt. Die wenigsten Menschen hatten die Möglichkeit, zu reisen oder Dinge zu konsumieren, die nicht in nächster Nähe hergestellt wurden. Im Mittelalter wurden beispielsweise heimische Wälder exzessiv für Bau- und Brennholz und landwirtschaftliche Flächen gerodet. Die Auswirkungen trafen direkt die ansässige Bevölkerung. Zu Beginn des 18. Jahrhunderts stellte Carl von Carlowitz erstmalig das Prinzip der Nachhaltigkeit dar. Er begründete die Basis für eine nachhaltige Waldnutzung und forderte einen verantwortungsvollen Umgang mit Ressourcen, indem nur so viel Holz dem Wald entnommen werden sollte, wie nachwächst. Aber erst im 19. Jahrhundert wurden die Wälder wieder geschont, denn nun wurden vermehrt Stein- und Braunkohle statt Holz als Energiequelle genutzt. Was sich letztendlich auch als umweltschädlich herausstellte.

PLANETARE BELASTUNGSGRENZEN

Seit Jahrzehnten wird vor der Ausbeutung der Natur und den gravierenden Folgen für die Menschheit und Umwelt gewarnt. Schon 1972 wurden „Die Grenzen des Wachstums" veröffentlicht und gelten als frühe kritische Auseinandersetzung mit dem Strebem nach unendlichem Wachstum und der rücksichtslosen Ausbeutung der Natur. Die planetaren Belastungsgrenzen wurden 2009 von einer Forschungsgruppe um Johan Rockström ver-

Die **„Rote Liste der gefährdeten Arten"** wird in Deutschland vom Bundesamt für Naturschutz (BfN) veröffentlicht.

Der unersättliche Ressourcenhunger der Menschheit frisst sich durch die Regenwälder.

öffentlicht und sind teilweise überschritten oder stehen kurz davor. Die Stickstoff- und Phosphorkapazitäten sind längst überschritten, die Ozeanversauerung ist im vollen Gange, der Verlust der Biodiversität – das Artensterben – hat ein bedrohliches Ausmaß erreicht. Und Kohlenstoffdioxid- und Treibhausgasemissionen führen zu lokalen und globalen Klimaveränderungen. Das Klima hat Kipppunkte: Werden diese überschritten, ist es wie beim Kippeln mit dem Stuhl, man fällt irreversibel und unkontrollierbar um. Solche Kippelemente sind beispielsweise das Schmelzen des Polareises, die Golfstromgeschwindigkeit, das Auftauen der Permafrostböden oder die Korallenriffbleiche. Schmelzen die Pole, reduziert sich die Reflexion der Sonneneinstrahlung, das Salzwasser wird verdünnt, somit verlangsamt sich der Golfstrom, was wiederum Auswirkungen auf diverse Ökosysteme und das Wetter in Europa und Nordamerika zur Folge hat. Tauen Permafrostböden auf, entweichen große Mengen an Methan, die als Treibhausgas global die Temperatur erhöhen. Sterben Korallenriffe ab, gehören ganze Ökosysteme mit ihrer immensen Artenvielfalt der Vergangenheit an und Menschen verlieren ihre Lebens- und Arbeitsgrundlagen. Es hängt alles zusammen, nichts kann getrennt betrachtet werden, wir leben nicht an unabhängigen Orten, sondern in einem komplex verwobenen globalen Megasystem und stehen weltweit vor großen Herausforderungen. Deshalb ist es auch wichtig, was wir in unserem Alltag und in unserem Gar-

Die Erde - eine blaue Kugel im Universum, unserer Lebensraum

1

2

1. Permafrostböden liegen in der arktischen und antarktischen Tundra. Durch das Auftauen entweichen große Mengen Methan in die Atmosphäre.

2. Infolge der Gletscherschmelze reduzieren sich die weißen Reflexionsflächen – die Temperaturen steigen, zusätzlich verändert sich der Salzgehalt in den Meeren.

EARTH-OVER-SHOOT-DAY

1970	29. Dezember
2000	23. September
2021	29. Juli

ten tun oder lassen. CO_2- oder Methanemissionen ist es egal, wo sie erzeugt oder freigesetzt wurden, die Folgen treten global auf. Unser Lebenswandel hat einen historischen und aktuellen Einfluss auf das globale Geschehen. Der Garten ist der Ort, an dem wir uns nicht nur Gedanken darüber machen können, sondern auch wo wir aktiv Gutes tun können, indem wir Wasser sauber, Böden gesund und Luft reinhalten, die Biodiversität erhöhen, Wälder schützen, Erdöl- und Metallvorkommen schonen, Plastik oder Strom sparen und Reste vermeiden.

DIE WELT IST NICHT GENUG

Wenn heute jede Weltbürgerin und jeder Weltbürger so leben würde wie wir, benötigten wir laut Global Footprint Network knapp drei Erden. Der durchschnittliche globale „Erdenverbrauch“ beträgt 1,74 Erden. Die Verbrauchssucht zeigt sich auch am sogenannten Earth-Over-Shoot-Day, der Tag, an dem die nachwachsenden Ressourcen theoretisch aufgebraucht sind. 2021 war dieser Tag am 29. Juli. Das bedeutet, auf einen Monat gerechnet, leben wir 18 Tage, von dem was sich regeneriert und die restlichen 12 Tage konsumieren wir auf Pump. Aber von wem „pumpen“ wir uns die 12 Tage? Von der Natur, von ressourcenreichen Regionen und den nächsten Generationen. Wenn man sich etwas „pumpt“, geht man davon aus, es auch wieder zurückzugeben. Wie soll das mit Erdöl, Regenwäldern, Ökosystemen oder klimatischen Bedingungen gelingen? Am besten wäre es natürlich, wenn wir uns nichts leihen würden. Dazu muss sich der Ressourcenverbrauch drastisch reduzieren, Schäden müssen repariert und vermieden werden. Der eigene ökologische Garten ist eine Möglichkeit, Ressourcen praktisch und nicht nur theoretisch zu sparen, Schäden zu minimieren und sogar einen positiven Beitrag zu leisten.

WEGWERFGESELLSCHAFT – GRENZENLOSER WOHLSTAND?

Es gibt kein grenzenloses Wachstum, nicht einmal in der Wirtschaft. Auch wenn das Narrativ der Weltwirtschaft Wohlstand mit Wachstum gleichsetzt, gilt dies nicht in jeder Situation. Was verstehen wir unter Wohlstand? Sind wir nicht schon längst übersättigt? Und wer hat noch keinen Wohlstand? Durch die globalen Möglichkeiten wurden Schäden ausgelagert – aus den Augen aus dem Sinn. Der Wohlstand und der entgrenzte Konsum des Globalen Nordens basieren zu einem großen Teil auf der übermäßigen Ausbeutung ökonomischer, ökologischer und sozialer Ressourcen aus Ländern des Globalen Südens. Aber, ab einem bestimmten Niveau, machen noch mehr Geld und noch mehr Besitz nachweislich nicht glücklicher. Im Gegenteil können noch mehr Geld und Besitz unglücklich machen. Denn andere Dinge sind wichtiger, beispielsweise Beziehungen und Zeit. Beides kann im eigenen Garten gepflegt und genossen werden.

Bedrohte Biodiversität – der Reichtum der Natur schwindet.

JEDES PLÄTZCHEN NUTZEN

Dächer sind eine hervorragende Möglichkeit, um eigenes Gemüse anzubauen. Nah am Wohnort und gut für die Luftqualität und die Biodiversität in den Städten.

Grün, grüner, Stadtgrün

Welche Ressourcen habe ich?

Etwas wird zur Ressource, wenn wir Menschen ein Interesse daran haben. Das gilt für materielle Ressourcen wie Erdöl genauso wie für immaterielle Ressourcen, beispielsweise die körperliche Gesundheit.

> **„Die größte Gefahr für unseren Planeten ist der Glaube, dass jemand anderes ihn rettet."**
>
> *Robert Swan, britischer Polarforscher und Umweltschützer*

Das hohe Interesse an Erdöl als Energieträger, zum Tanken und um Kunststoff herzustellen, macht es zur Ressource. Würde der Mensch das Interesse an Erdöl verlieren, weil es einen Ersatzstoff gibt oder sich grundsätzlich die Lebensweisen ändern, wäre es streng genommen keine Ressource mehr, denn das ökonomische Interesse wäre verschwunden. Immaterielle Ressourcen sind beispielsweise gute Beziehungen oder auch Gesundheit. Um ein gutes Leben führen zu können, sind wir auf andere Menschen und unsere Gesundheit angewiesen, damit werden Beziehungen und körperliche sowie psychische Gesundheit zu Ressourcen. Kritisch wird es, wenn Ressourcen knapp werden oder sich die Nutzung negativ auswirkt, beispielsweise als Klimawandel oder Wasserverschmutzung. Das stellt u. a. eine Bedrohung der weltweiten Agrarflächen dar. Zum einen verschlechtert sich der Bodenzustand, zum anderen gehen wertvolle Flächen durch Versalzung, Trockenheit und Überflutung verloren. Ein weiterer flächenverschlingender Faktor ist der steigende Konsum tierischer Produkte und infolgedessen die Waldabholzung, die Verschmutzung von Boden, Wasser und Luft. Der Kreis schließt sich, denn Umweltbelastungen haben wiederum einen direkten Einfluss auf immaterielle Ressourcen wie unsere Gesundheit.

VERZICHT ODER BEFREIUNG?

Im Zuge von Klimawandel, Umwelt- und Tierschutz wird davon gesprochen, dass wir verzichten müssen. Von welchem Niveau müssen wir verzichten? Auf was müssen wir verzichten? Um verzichten zu können, muss man zuerst etwas besitzen bzw. es muss die reale Möglichkeit bestehen, etwas haben zu können. Hierzulande besitzen wir nicht nur sehr viel, sondern können auch noch wählen. Unsere Grundbedürfnisse – Nahrung, Trinken, Kleidung und ein Dach über dem Kopf – sind gesichert. Auch Mobilität und diverse kulturelle Möglichkeiten stehen uns offen. Alles, was wir uns zusätzlich leisten, könnte als Luxus bezeichnet werden. In anderen Regionen der Erde können Menschen indessen nicht auf Plastikflaschen verzichten, sonst hätten sie kein sauberes Wasser. Sie können weder auf Autofahrten noch Flugreisen verzichten, da sie nicht mal ein Fahrrad besitzen. Sie können auch nicht auf Erdbeeren im Winter verzichten, da sie täglich um genügend Nahrung ringen. Verzicht in einer Wohlstandsgesellschaft ist im Grunde genommen auch eine Art von Luxus. Wir können auf Dinge verzichten, die andere Menschen gar nicht zur Auswahl haben. Für eine enkeltaugliche Zukunft geht es nicht darum, auf alles zu verzichten, sondern auf umwelt- und sozialschädliche Dinge zu verzichten. Dieser „Verzicht" kann auch positiv formuliert werden – wir befreien uns von umwelt- und sozialschädlichen Praktiken. Wer kann sich die echten Preise leisten, wenn nicht wir Bürgerinnen und Bürger in einem der reichsten Länder der Welt? Tatsächlich können wir uns den absurden Luxus der Verschwendung und Ausbeutung gegenüber der Natur, den Lebewesen und anderen Menschen nicht mehr leisten, denn das wird auch irgendwann unseren Wohlstand zum Kippen bringen.

DER WELTACKER

Jeder Mensch benötigt für seine Grundbedürfnisse eine bestimmte Ackerfläche. Aktuell leben knapp 8 Milliarden Menschen auf der Erde. Ungefähr 1,6 Milliarden Hektar Ackerfläche gibt es. Somit beträgt die Ackerfläche pro Erdbewohner etwa 2000 m². Auf dieser Fläche muss theoretisch alles für Nahrung, Kleidung und teilweise nachhaltige Energie und Mobilität angebaut werden. Industrienationen und zunehmend Schwellenländer konsumieren weit mehr. In Europa liegt der durchschnittliche Flächenverbrauch mit ca. 4000 m² doppelt so hoch.
Obwohl sich die weltweite Ackerfläche, oftmals zulasten der Wälder, in den letzten Jahrzehnten vergrößert hat, gehen immer mehr wertvolle Flächen verloren. Denn der Klimawandel verwandelt Ackerland in Wüsten, die Abholzung der Wälder zerstört klimawirksame Ökosysteme, die Urbanisierung

Vertikale Gärten ermöglichen es, kleine urbane Räume sinnvoll zu nutzen.

Der Weltacker – rein rechnerisch stehen jedem Menschen 2000 m² Anbaufläche für Nahrung, Kleidung und Energiepflanzen zur Verfügung.

1 Weizen
2 Mais
3 Reis
4 Sonstige Getreide
5 Ölsaaten
6 Soja
7 Baumwolle
8 Nüsse
9 Obst
10 Hülsenfrüchte
11 Fasern
12 Gemüse
13 Erdfrüchte

und der Straßenbau versiegeln Flächen, die Polschmelze führt zu einer Steigung des Meeresspiegels, Küstenregionen verschwinden und Brackwasser dringt ins Landesinnere. Zusätzlich degradieren und zerstören Bodenerosion, Starkregenereignisse, Trockenheit und Versalzung durch Überdüngung die Bodengesundheit. Und letztendlich verringert sich die Fläche pro Person durch die steigende Weltbevölkerung. Durch Überkonsum, verstärkten Verzehr tierischer Lebensmittel und Lebensmittelverschwendung werden Flächen unnötig besetzt, deren Erträge am Weltmarkt ungerecht verteilt werden und fehlen.

Deshalb müssen wir schonender mit den vorhandenen Flächen umgehen. Das bedeutet, weniger verschwenden und mehr auf die Bodengesundheit achten. Der eigene Garten ist kein Weltacker, die wenigsten Menschen werden 2000 m² bewirtschaften und sich selbst versorgen. Trotzdem ist der eigene Garten eine Agrarfläche auf der Erde und entspannt die kritische Situation durch eine sinnvolle und nachhaltige Nutzung.

RÄUME SINNVOLL NUTZEN UND SCHÜTZEN

Gegärtnert wird in kleinen, großen, schattigen, sonnigen, kargen, fruchtbaren, urbanen und ländlichen Räumen. Jeder Raum bietet unterschiedliche Herausforderungen und Vorteile. Mit dem eigenen ökologischen Garten oder Balkon leistet man einen Beitrag zur besseren Flächennutzung und schont zusätzlich Ressourcen, Klima und Umwelt. Auch auf dem Balkon und einer kleinen Terrasse lassen sich Gemüse, Obst, Kräuter und insektenfreundliche Blumen anbauen.

Vertical Gardening ist die Lösung für begrenzte Räume. Wände lassen sich optimal mit Regalen, Europaletten, mehrstöckigen Balkonkästen, Pflanztreppen, Blumenampeln oder recycelten Regenrinnen nutzen. Auch Säulenobst oder kletternde Pflanzen wie Stangenbohnen und Gurken holen viel aus einer kleinen Fläche raus. In größeren Gärten geht es weniger in die Höhe, sie bieten dafür Platz für verschiedene Mini-Ökosysteme, wie Totholzecken oder Wasserbereiche.

Zukunftsverantwortung

Welche Verantwortung tragen wir gegenüber den nächsten Generationen? Unsere Vorgängergenerationen hatten sich immer das Ziel gesetzt „Unseren Kindern soll es mal besser gehen". Heute gilt diese Verantwortung nicht mehr nur gegenüber unseren nächsten Generationen, sondern auch denen, die am anderen Ende der Welt und in weiter Zukunft leben.

Das kann sehr überfordernd sein. Richten wir den Blick in unseren Garten, fällt die Verantwortung hingegen viel einfacher – mit einem ökologischen und ressourcenschonenden Garten tun wir schon viel für die Gegenwart und Zukunft.

SOZIAL-ÖKOLOGISCHE TRANSFORMATION

Oft ist das Bedürfnis nach einem eigenen Garten oder einem begrünten Balkon, der Wunsch nach Veränderung und der Keim für ein nachhaltigeres Leben. Hier treten Ökologie und Soziales in den Vordergrund und bekommen wieder einen hohen Stellenwert. Eine sozial-ökologische Transformation wird ganz praktisch im Kleinen gestartet, umgesetzt und gelebt. Dennoch gelingt die notwendige Wende nur, wenn alle daran arbeiten. Das heißt, mit einem Bewusstseinswandel im Familien- und Freundeskreis. Mit Unternehmen, die sich von Gewinnbestrebungen zu jedem Preis verabschieden und Verantwortung übernehmen. Und für große gesellschaftliche Veränderungen braucht es eine zukunftsorientierte Politik, die sozialökologisches Verhalten durch einen Ordnungs- und Rechtsrahmen konkret unterstützt und schon heute belohnt.

NACHHALTIGE ZIELE

Um diese große Wende anzupacken verabschiedeten die Vereinten Nationen 2015 die 17 Nachhaltigkeitsziele (Sustainable Development Goals, kurz SDGs). Diese Ziele richten sich nicht ausschließlich an Entwicklungs- und Schwellenländer, sondern auch ganz konkret an Industrienationen. Die Industrienationen sollen ihre schädlichen Handlungen reformieren, Fehlentwicklungen beenden und deren Folgen minimieren. Auch wenn die 17 Nachhaltigkeitsziele auf internationaler Ebene formuliert wurden, tritt Veränderung nur in der Zusammenarbeit von allen Ebenen – individuelle, kollektive, nationale und internationale Ebene – ein. Wenn niemand anfängt, weil der oder die andere auch nicht anfängt etwas zu ver-

„Wir haben die Erde nicht von unseren Eltern geerbt, sondern von unseren Kindern geliehen."

Indische Weisheit

1

2

1. Verantwortung für die Zukunft übernehmen: mit Vielfalt, Mischkultur und Ökoanbau.

2. Gärtnern mit und für die Natur – die Vögel freuen sich.

ändern, drehen wir uns auf allen Ebenen im Kreis und letztendlich in einer Abwärtsspirale. Auch wenn diese Ziele sehr allgemein und groß wirken, sind sie im eigenen ökologischen Garten ganz praktisch umzusetzen.

GÄRTNERN MIT STATT GEGEN DIE NATUR

Ist der Mensch ein Teil der Natur oder durch seine Rationalität und Intelligenz der Herrscher über die Natur? Weil wir herrschen und ausbeuten können, bedeutet es nicht, dass wir es auch tun müssen. Wirklich rational und intelligent wären mehr Emotionalität und Verbundenheit mit der Natur, um Ökosysteme und die Lebensgrundlagen zu schützen. Im eigenen Garten können wir wieder Verbindung mit der Natur, den Jahreszeiten, den Tieren und Pflanzen aufnehmen. Hier sind wir aber auch mit den Folgen des Klimawandels konfrontiert – lange Trockenphasen und viel Gießen, schwere Unwetter und viel Aufräumen. Die Konsequenzen menschlichen Handelns basieren auf dem kollektiven Verhalten vieler einzelner Menschen entweder mit oder gegen die Natur. Mit der Natur zu gärtnern ist deshalb ein Aushängeschild, wir können ein Vorbild für andere sein.

DIE NACHHALTIGKEITSZIELE (SDG) UND ÖKOLOGISCHES GÄRTNERN

- **Ziel 4** Hochwertige Bildung, Wissen zum ökologischen Gärtnern teilen
- **Ziel 6** Sauberes Wasser
- **Ziel 8** Menschenwürdige Arbeit bei fairen Produkten
- **Ziel 11** Nachhaltige Städte und Gemeinden
- **Ziel 12** Nachhaltiger Konsum und Produktion
- **Ziel 13** Maßnahmen zum Klimaschutz
- **Ziel 14** Leben unter Wasser
- **Ziel 15** Leben an Land
- **Ziel 17** Partnerschaften zur Erreichung der Ziele

1

Gutes Gärtnern

Was gutes Gärtnern ist, hängt von der Perspektive ab. Und Perspektiven gibt es bekannterweise viele, zum Beispiel die individuelle, kollektive oder gar globale Perspektive oder auch die ökologische, ökonomische oder soziale Sichtweise, um nur einige wenige zu nennen.

Im eigenen Garten arbeiten und gestalten wir mit unseren eigenen Wertvorstellungen aus unserer individuellen Perspektive. Unsere Entscheidungen – auch im kleinen Garten – wirken sich durchaus auf die Gemeinschaft und Umwelt aus. Der Einsatz oder Verzicht von giftigen Pflanzenschutzmitteln hat Einfluss auf das lokale Wasser und die lokale Artenvielfalt. Die Entscheidung, torffreie Erden zu nutzen, schützt Moore, die wiederum einen riesigen CO_2-Speicher darstellen und das globale Klima beeinflussen. Die regionale und saisonale Ernährung aus dem eigenen Garten fördert die Wertschätzung auch für gekauftes Obst und Gemüse, reduziert Plastikverpackungen und Transportemissionen, was ebenfalls globale Auswirkungen hat. Wenn wir unter gutem Gärtnern ökologisches, ressourcenschonendes und soziales Handeln verstehen, leisten wir einen lokalen und globalen Beitrag zu mehr Klima-, Umwelt- und Tierschutz und fairen Arbeitsbedingungen.

ÖKOLOGISCH GÄRTNERN

Die Basis eines umweltfreundlichen Gartens ist das Prinzip des „ökologischen Gärtnerns", der Verzicht auf chemische Pflanzenschutzmittel und synthetische Dünger. Chemische Pflanzenschutzmittel bekämpfen häufig nur die Symptome und nicht die Ursachen. Die Ursache für die Ausbreitung von Krankheiten und Schädlingen sind u. a. Monokulturen. Stehen viele Pflanzen der gleichen Art an einem Ort, ist das ein gefundenes Fressen für Schädlinge, die sich dann in Massen vermehren und ausbreiten. Im ökologischen Anbau hingegen wird versucht, die Ursache zu vermeiden und die Pflanzen selbst zu stärken. Eine gute Mischkultur und Fruchtfolgen reduzieren auf natürliche Weise den Schädlings- und Krankheitsdruck, schaffen Lebensräume für Nützlinge und bringen Artenvielfalt in den Garten oder auf den Balkon. Eine standortgerechte Pflanzenwahl, gesunde Böden und natürliche Pflanzenstärkungsmittel machen Pflanzen widerstandsfähiger gegenüber Schädlingen, Krankheiten und Trockenheit. Durch gutes Kompostieren entsteht nährstoffreiche Erde, die wiederum die Pflanzen über einen gesunden Boden versorgt und von innen heraus resistenter macht. Als ganzheitlicher Ansatz bezieht sich ökologisches Gärtnern zusätzlich auch auf einen reduzierten Plastikeinsatz und den umweltfreundlichen Umgang mit Ressourcen.

1. Permakultur: Mit einer kontinuierlichen Bodenbedeckung schützt man den Boden vor Austrocknung.

2. Regenwürmer im ökologischen Garten sind fleißige Helfer.

2

PERMAKULTUR

Permakultur beschreibt die permanente Kultivierung und eine ganzjährige Bodenbedeckung. Durch Mischkulturen und eine Vielfalt an ein- und mehrjährigen Pflanzen wird der Boden gut durchwurzelt und ist über das ganze Jahr geschützt. Das Konzept ist keine Neuerfindung, es wird seit Jahrtausenden von indigenen Völkern angewendet. In den 1970er-Jahren wurde das Prinzip der Permakultur durch die beiden Australier Bill Mollison und David Holmgren sowie den Japaner Masanobu Fukuoka weltweit bekannt. Permakultur ist ein Arbeiten mit und nicht gegen den natürlichen Kreislauf. Es bezieht sich nicht nur auf das Gärtnern und die Lebensmittelproduktion, sondern auch allgemein auf die Lebenseinstellung. Mollison und Holmgren vertreten einen holistischen Ansatz mit drei ethischen Grundsätzen:

1. Sorge um die Erde (Earthcare): bezogen auf bewirtschaftete Böden, Wälder und Wasser

2. Sorge für den Menschen (Peoplecare): sich kümmern um sich selbst, um die Familie und die Gemeinschaft

3. Faires Teilen (fairshare): begrenzter Konsum und gerechte Verteilung der Überschüsse

VORTEILE VON SAISONALER UND REGIONALER ERNÄHRUNG

- Guter Geschmack dank des richtigen Erntezeitpunkts
- Kurze oder keine Lagerung, sondern frisch vom Feld
- Vielfalt im Jahresverlauf
- Höchster Gehalt an Vitaminen und Mineralstoffen
- Altes neu entdecken

Zusätzlich bei gekaufter Ware

- Keine oder weniger Gewächshausheizung bzw. -beleuchtung
- Keine Plastikfolien auf dem Feld zur Verfrühung
- Kurze Transportwege
- Günstigere Preise durch hohes Angebot
- Unterstützung der lokalen Wirtschaft

Invasiver Neophyt, das Drüsige Springkraut *(Impatiens glandulifera)*

Auch Fukuoka, der „Erfinder" der Samenkugeln, betrachtete das große Ganze, plädierte für ein Wirtschaften im ökologischen Gleichgewicht und eine regional-saisonale Ernährung, möglichst fleischarm mit geringem Arbeits- und Energieaufwand. Er war überzeugt von einer natürlichen Landwirtschaft, einer „Nichts-tun-Landwirtschaft". Was nicht bedeutet, faul zu sein, sondern auf Unnötiges wie Pflügen, Unkraut jäten, zusätzliche künstliche Düngung oder chemischen Pflanzenschutz zu verzichten.

Lesetipp **„Das Wesen der Permakultur"** von David Holmgreen ist als pdf online verfügbar.

VEGANES GÄRTNERN

Vegan ist nicht nur auf dem Teller möglich, sondern auch schon beim Anbau der Lebensmittel. Beim bio-veganen Gärtnern wird auf Düngemittel tierischer Herkunft wie Hornmehl, Schafwolle, Guano oder auch Mist verzichtet, in der Landwirtschaft zudem auf die Nutztierhaltung. Auch jede noch so vorsichtige gärtnerische oder landwirtschaftliche Tätigkeit tötet Tiere und Kleinstlebewesen, das ist bis zu einem bestimmten Grad nicht vermeidbar. Der Ansatz des veganen Gärtnerns und der veganen Landwirtschaft ist, vermeidbares Tierleid zu verringern, indem Tiere überhaupt nicht gehalten werden. Damit entfallen auch alle tierischen Düngemittel. Teilweise sind die Herkunftsbedingungen von Schlachtabfällen (Horn-, Blut-, Knochenmehl) nicht transparent und der Guano-Abbau zerstört wichtige Rückzugsorte und Brutstätten von Seevögeln.

GÄRTNERN MIT DEM KLIMAWANDEL

Ein ressourcenschonendes Gärtnern erfordert heute ein Denken mit dem Klimawandel. Die richtige Auswahl mehrjähriger Pflanzen reduziert den Wasserbedarf und somit auch den Arbeitsaufwand. Geschlossene Vegetationsdecken und Mulchschichten verhindern das Austrocknen des Bodens, sorgen für eine gute Bodengesundheit und bieten Lebensraum für Insekten und Wildtiere. Durch die klimatischen Veränderungen werden autochthone Pflanzen stellenweise verdrängt und Neophyten breiten sich gewollt und ungewollt aus. Die globalen Handels- und Warenwege führen zu einer extrem schnellen Verbreitung, was früher in Jahrtausenden und Jahrmillionen geschah, passiert heute innerhalb weniger Wochen und Monate. Das massenhafte Auftreten eingeschleppter Arten gleicht mancherorts einer Invasion und wirkt sich negativ auf die Biodiversität vor Ort aus. Diese invasiven Arten haben keine natürlichen Feinde und werden manchmal für den Schutz der lokalen Flora und Fauna regelrecht bekämpft. Zusätzlich treten mit höheren Durchschnittstemperaturen neue Schädlinge und Krankheiten auf, an die sich heimische Pflanzen und Tiere erst anpassen müssen. Zum anderen bedeutet dies jedoch auch, dass neue Arten gezielt angebaut werden können oder müssen. Der Klimawandel erfordert im Garten eine stetige Anpassung an neue Situationen, man lernt nie aus.

Autochthone Arten bezeichnen heimische Pflanzen und Tiere, im Gegensatz dazu sind Neophyten (Pflanzenarten) und Neozoen (Tierarten) nicht heimisch. Sie wurden bewusst angesiedelt oder unbewusst eingeschleppt.

> **„Es ist nicht die stärkste Spezies, die überlebt, auch nicht die intelligenteste, sondern eher diejenige, die am ehesten bereit ist sich zu verändern.“**
>
> *Charles Darwin*

WAS UNS VERBINDET

Egal ob auf dem Balkon, der Terrasse, im Privat-, Schreber- und Gemeinschaftsgarten, am Pachtacker oder in der solidarischen Landwirtschaft – wir sind alle Gärtnernde und haben vieles gemeinsam: den Spaß und die Freude an Pflanzen, Tieren, Gartenarbeit und Gestaltung. Wir wissen aus Erfahrung, Gemüse und Obst wächst nicht im Ladenregal und der Anbau erfordert Geduld, Zeit, Pflege und Kontinuität. Was uns beim ökologischen und ressourcenschonenden Gärtnern noch verbindet, ist der Respekt vor der Natur und die Verantwortung gegenüber anderen Menschen und folgenden Generationen. Gärtnern ist eine Art eines ökologischen Lebens – eine sehr schöne, erdende und sinnvolle –, dennoch gibt es noch viele weitere ökologische Lebensentwürfe. Die Vielfalt, die wir in unseren Gärten zelebrieren, können wir auch in unseren Lebensweisen und in der Gesellschaft anerkennen.

Zero Waste im Garten

Ressourcen schonen ist der Imperativ der ökologischen und zukunftsorientierten Bewegung. Der sinnvolle Umgang mit Ressourcen und die Müllvermeidung kritisieren den Mythos des unendlichen Wachstums und fordern ein gutes sozial-ökologisches Leben.

Endliche Ressourcen erst gar nicht zu nutzen und somit zu schonen kann Ausgangspunkt für diverse kreative Alternativen sein. Manchmal funktioniert das gut, manchmal nicht, dann ist der nächste Schritt, die Ressourcen möglichst umwelt- und sozialverträglich und lange zu nutzen. Zero Waste, also Null Müll, ist in unserer Gesellschaft annähernd unmöglich, Less Waste, d. h. weniger Müll, ist hingegen relativ einfach. Je nachdem, an welchem Punkt man mit der Müllvermeidung startet, können Einsparungen von über 50 % erstaunlicherweise sehr alltagstauglich sein. Mülltrennung ist im Sinne von „Less Waste" kein Müllvermeiden. Wobei Müll zu trennen natürlich besser ist, als nicht zu trennen, da die Ressourcen besser geschützt, genutzt und recycelt werden. Am nachhaltigsten ist es, den Müll erst gar nicht entstehen zulassen und die Ressourcen schon an der Produktionsbasis zu schützen. Auch ein geschlossener ressourcenneutraler Garten ist für die Mehrheit utopisch, schließlich leben wir nicht als autarke Einsiedler. Absolute Perfektion ist wenig motivierend, birgt sie doch viele Möglichkeiten des Versagens und der Unzufriedenheit, wenn die hochgesteckten Ziele doch nicht erreicht werden. Aber ein verändertes Konsumbewusstsein steigert das ökologische und müllfreie bzw. -reduzierte Angebot, folglich wird es auch für die breite Bevölkerung immer einfacher, unverpackte Mehrweg- oder Alternativprodukte zu bekommen.

WENIGER IST MEHR

Sinnvolles Ressourcenschonen und Müllvermeiden startet ganz am Anfang mit dem Motto „Weniger ist mehr". Denn so wird die ganze Kette aus Ressourcengewinnung, Verarbeitung, Transport, Entsorgung und Recycling verhindert. Es fließt kein Erdöl in die Plastikproduktion, in der Folge müssen die Verpackungen auch nicht entsorgt

„Es ist besser, unvollkommen anzupacken, als perfekt zu zögern."

Thomas Alva Edison, Erfinder der Glühbirne, des Phonographen und Kinetographen

Kreislaufwirtschaft im Garten bedeutet Kompostieren.

oder aufwendig in Mülltrennungsanlagen sortiert werden. Wobei im Moment leider noch ein Großteil der Verpackungen nicht stofflich wiederverwertet werden kann, sondern in der thermischen Verwertung, also der Müllverbrennung, landet.
Benötigt man die ganzen Gartengerätschaften? Oder könnte man sich Geräte auch leihen bzw. verleihen. Benötigt man jedes Jahr neue Pflanzen oder kann der Garten auch mehrjährig gestaltet werden? Deshalb lautet, auch im Garten, eine der ersten Fragen beim Müllvermeiden: „Was benötige ich wirklich?“

Die Pyramide der Nachhaltigkeit

KUNSTSTOFF VERMEIDEN

Nicht jeder Kunststoff ist schlecht, es kommt auf den Einsatz, die Menge, Herstellung und Recyclingmöglichkeiten an. Zudem ist es wenig sinnvoll, mit dem Auto verschiedene Läden wegen eines unverpackten Produkts anzufahren. Die Emissionen durch das Auto übersteigen den ökologischen Mehrwert der eingesparten Verpackung. Sinnvoller ist es, den Handel vor Ort immer wieder zu fragen, ob zukünftig nicht mehr Unverpacktes angeboten werden könnte.

Da jeder Garten anders ist, ist es sinnvoll, sich den eigenen Plastikmüll anzusehen. Wo und welcher Müll entsteht? Benötigt man das Produkt wirklich? Welche Alternativen gibt es? Mehr dazu ab Seite 98.

KREISLAUFWIRTSCHAFT

Das Geheimnis eines ökologischen Gartens ist ein ausgewogenes Geben und Nehmen, d. h., in einem nachhaltigen Kreislauf zu gärtnern. Laut Kreislaufwirtschaftsgesetz

Eine runde Sache – aus Pflanzenresten wird durch Kompostieren nährstoffreiche Erde, die wiederum Pflanzen zum Wachsen bringt.

(KrWG) gibt es eine Rangfolge im Umgang mit Abfällen und somit Ressourcen. An erster Stelle steht das Vermeiden, dann die richtige Entsorgung, gefolgt von der stofflichen und energetischen Verwertung und ganz am Ende kommt die Beseitigung auf Deponien. Die energetische Abfallnutzung geschieht vorrangig über Müllverbrennungsanlagen, dort wird Strom und Energie erzeugt. Der eigene Garten hält vielfältige Möglichkeiten für ein Kreislaufwirtschaften bereit, vom eigenen Kompost bis hin zur Pflanzenvermehrung. Mehr ab Seite 44.

REBOUND-EFFEKT UND MORAL BALANCING

Wenn Effizienzsteigerungen sich nicht in einer positiven Bilanz zeigen, sondern ins Gegenteil umwandeln, wird von einem Rebound-Effekt gesprochen. Das bedeutet, die Bemühungen und Erfolge effizienterer Produktions- und Transportverfahren führen letztendlich nicht zu einem ökologischeren Verhalten, sondern zu einem höheren Verbrauch. Beispielsweise führt ein effizienterer Gemüseanbau zu günstigeren Preisen. Was einerseits vorteilhaft ist, denn man kann sich so viel Gemüse leisten, wie man benötigt oder will, andererseits wird es so billig, dass mehr gekauft und mehr weggeworfen wird. Dieser direkte Rebound-Effekt gilt vor allem für Nahrungsmittel, denn „Was nichts kostet, ist nichts wert".
Ein indirekter Rebound-Effekt wäre: Lebensmittel sind so billig, dass man Geld spart, was wiederum in andere energieintensive umweltschädliche Produkte investiert wird. Wer sich ökologisch oder fair verhält, sammelt unbewusst Punkte auf seinem moralischen Konto, die dann an anderer Stelle wieder ausgegeben werden. Dieser psychologische Mechanismus wird Moral Balancing genannt. Wenn ich hier Gutes tue und für den Umweltschutz auf etwas verzichte, wird dies als Entschuldigung oder Belohnung verwendet und woanders wieder „ausgegeben" oder kompensiert. Ein Beispiel aus der Mobilität: Wenn ich immer mit dem Rad in den Garten fahre, kann ich auch öfter mit dem Auto in die Arbeit fahren. Oder, wenn das neue Auto energieeffizienter ist, wird mit gutem Gewissen auch mehr gefahren – die häufigeren Fahrten sind trotz des umweltschonenden Autos in der Summe umweltschädlicher als wenige Fahrten mit dem alten Auto.

DER PFLANZTURM
Ökologisch dank natürlicher Materialien und vielfältig dank vier unterschiedlicher Sonnen- und Schattenseiten

ERDE – UNSERE BASIS

ES SPRIESST UND GRÜNT

Das Wunder des Lebens: Eine gesunde Erde ist die Basis für gesunde Pflanzen, Lebewesen und Menschen. Ihr Schutz hat oberste Priorität.

Wir stehen drauf!

Der Begriff Erde hat drei Bedeutungen, zum einen der Planet Erde, zum zweiten das, was sich auf der Erdoberfläche befindet und weder Wasser noch Gestein ist, und drittens was als Kultursubstrat verwendet wird.

Obwohl die drei Bedeutungen unterschiedlich sind, können sie nicht getrennt betrachtet werden. Welche Erde wir für Topfpflanzen kaufen und wie wir mit der Erde in unseren Gartenbeeten umgehen, hat einen großen Einfluss auf die gesamte Erde, unseren Planeten – auf unseren Lebensraum und die Lebensqualität der aktuellen und zukünftigen Generationen.

Auf der Erde leben wir, aus ihr entsteht alles und in sie geht alles zurück. Auch Wasser und Luft sind eng mit ihr verbunden. Trotzdem lässt sich nicht beantworten, was wichtiger ist: Erde, Wasser oder Luft, denn nur in der Verbindung von allem ist es uns möglich überhaupt zu leben.

Im Garten ist der Boden die Grundlage, auf der alles wächst. Deshalb ist ein vitaler Boden die Voraussetzung für gesunde Pflanzen, Tiere und Menschen. Bodendegradierung ist lokal und global ein enormes sozial-ökologisches Problem, obwohl uns bewusst sein müsste, dass wir nur diese eine Erde, diesen einen Planeten haben. Mit Geduld, Wissen und Engagement können wir die Erde verbessern, sowohl die in unserem Garten als auch die, auf der wir leben.

PERMAFROSTBÖDEN

Diese außergewöhnlichen und klimarelevanten Böden sind ganzjährig gefroren und liegen unter bis zu 1000 m dicken Eis- und Schneeschichten. Permafrostböden bedecken große Teile der Arktis und Antarktis sowie einige Hochgebirgsregionen (siehe auch S. 14). Permafrostböden reflektieren die Sonneneinstrahlung und speichern Unmengen an CO_2 und Methan, beides klimarelevante Gase. Durch die globale Feinstaubbelastung legt sich ein dunkler Belag auf Polareis und Gletscher. Sie erwärmen sich und das Abschmelzen wird zusätzlich beschleunigt. Der Temperaturanstieg taut die Böden auf, die Stabilität geht verloren und ganze Dörfer in Sibirien brechen zusammen oder verschwinden in den Löchern. Zusätzlich entweichen enorme Mengen an Methangas aus den Böden. Es wird mehr Kohlenstoff freigesetzt, als lokale Pflanzen aufnehmen können. Und so entsteht ein Teufelskreis: Je mehr CO_2 und Methan ausgestoßen wird, desto höher steigen die Temperaturen, noch mehr Permafrostböden tauen auf, was wiederum mehr Treibhausgase aus den Böden freisetzt.

„Alles, was gegen die Natur ist, hat auf die Dauer keinen Bestand.“

Mary Wollstonecraft, englische Philosophin

Der Boden – Mehr als Nährstoffe

Der Gartenboden bietet nicht nur Nährstoffe und Wasser für Pflanzen, sondern bildet die Grundlage für Lebensräume und Biodiversität, speichert Treibhausgase und filtert Wasser.

Für einen ökologischen Garten und ein gutes Pflanzenwachstum benötigen wir als Basis einen guten Boden. Deshalb sollte das Motto lauten „Wir ernähren nicht die Pflanzen, sondern den Boden"!

Der Boden ist Biologie, Physik und Chemie gleichzeitig. Er setzt sich zusammen aus organischen und anorganischen Bestandteilen. Das Organische bezeichnet alles Lebendige und das, was vom Lebendigen abstammt. Der schöne Begriff „Edaphon" umfasst alle lebenden Organismen, also pflanzliche und tierische Lebewesen, Pilze, Algen und Mikroorganismen. Das Anorganische beschreibt die mineralischen Stoffe, Gesteine und Salze und bezeichnet alles nicht Lebendige. Bodenstruktur, -stabilität und -filterfähigkeit werden als Bodenphysik bezeichnet, chemische Umwandlungsprozesse und Eigenschaften hingegen als Bodenchemie und die Bodenbiologie ist die Wissenschaft der biologischen Vorgänge und Wechselwirkungen durch die Mikroflora bis zur Megafauna.

BODENLEBEWESEN VON MIKRO BIS MEGA

In und auf dem Boden lebt eine biologische Vielfalt mikroskopisch winziger bis mit dem Auge sichtbarer Lebewesen. Die Bodenfauna, also die Bodenlebewesen, unterteilt sich in mehrere Untergruppen: Die Mikrofauna impliziert alle Lebewesen, die kleiner als 0,2 mm sind wie Fadenwürmer oder Wimpertierchen. Die nächst größere Kategorie bildet die Mesofauna mit Lebewesen zwischen 0,2 und 1 mm, beispielsweise Nematoden, Milben, Springschwänze und kleine Käfer. Die Makrofauna sind Tierchen zwischen 2 und 20 mm wie Regenwürmer, Spinnen, Insekten und Schnecken. Die Giganten des Bodens werden als Megafauna bezeichnet, das sind große Schnecken und Insekten, Reptilien, wie Molche und die Säugetiere wie Mäuse, Hasen und Maulwürfe. Jedes Lebewesen, ob mikro oder makro, hat seine eigene Funktion im Gartenboden und ist wichtig für die unterschiedlichen Bodenschichten.

Das **Nachhaltigkeitsziel 15** fordert alle Nationen auf, das Leben an Land zu schützen und zu verbessern.

Die vielfältigen Funktionen des Bodens

CO_2-Speicher, Drainage und Wasserspeicher, Wohn-, Erholungs- und Kulturort, Ernährung, Halt, Nährstoffe, Wasser, Luftfeuchte und Temperaturregulator, Lebensraum und Landschaftsbild, Ressourcenlieferant und Schadstofffilter

BODENHORIZONTE UND MUTTERBODEN

Durch die Bodenentstehung, Verwitterungsprozesse, den Pflanzenbewuchs oder die Nutzung bilden sich parallel zur Bodenoberfläche Schichten, sogenannte Bodenhorizonte, die mehr oder weniger stark getrennt sind. Das Bodenprofil, die Ausprägung der Horizonte, wird bei Grabungen sichtbar und zeigt die unterschiedliche Zusammensetzung der Gartenböden. Der oberste A-Horizont, auch Krume oder Mutterboden, ist der Humus- und Auswaschungshorizont, der Wurzelraum der Pflanzen. Darunter liegt der dichtere und anorganischere Anreicherungshorizont, B-Horizont. Die unterste Schicht, der C-Horizont, wird vom Ausgangsgestein (Muttergestein) und dem darauf liegenden verwitterten und gelockerten Gestein gebildet. Aus der Zusammensetzung bestimmter Eigenschaften innerhalb der Horizonte werden Bodentypen benannt – Schwarzerde, Braunerde, Auenböden, Watt,

Gartenböden können sich stark voneinander unterscheiden. Eine Bodenprobe gibt Aufschluss über Bodenart, ph-Wert, Humusgehalt und Nährstoffe. Daraus ergeben sich Bodenverbesserungsmaßnahmen (siehe S. 37).

Gesunder Boden und Kompost ist belebt mit kleinsten Bakterien, Mikroorganismen, Käfern und Würmern aller Art.

Marschböden oder Moore. Durch Baumaßnahmen wird der gesamte Boden umgewälzt. Der Mutterboden wird abtransportiert und in den seltensten Fällen wieder zurückgebracht. Deshalb unterscheidet sich der Gartenboden in Siedlungsgebieten häufig vom Boden der angrenzenden Felder.

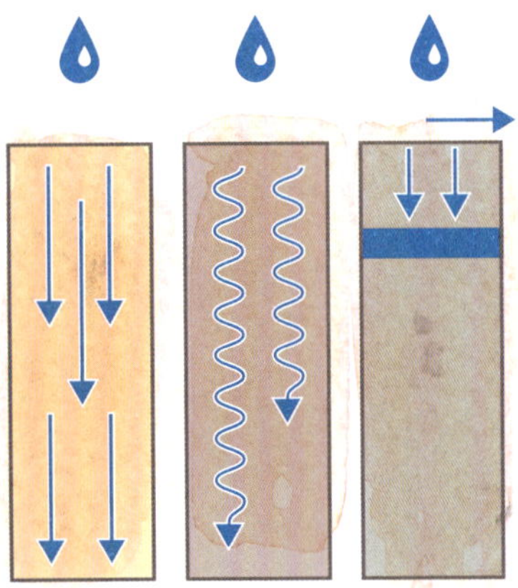

Je sandiger und leichter der Boden, desto schneller läuft Wasser durch und Nährstoffe werden ausgewaschen. Je dichter und schwerer der Boden, desto mehr Staunässe und oberflächliche Bodenerosion findet statt und desto weniger Luft befindet sich im Boden.

BODENARTEN

Die Bodenart gibt Auskunft über die prozentuale Zusammensetzung unterschiedlicher Korngruppengrößen, der Bodenbestandteile. Die Häufigkeit sogenannter Bodenfraktionen (S, U, T siehe S. 37) bestimmt, ob es sich um Sand, tonigen Sand, sandigen Schluff, schluffigen Lehm oder lehmigen Ton handelt. Je größer die Körner sind, desto besser ist die Belüftung, aber desto schlechter auch die Wasserhaltefähigkeit. Ein sandiger Gartenboden hat viele Grobporen, ist gut belüftet und leicht zu bearbeiten. Muss aber auch mehr gegossen werden und Nährstoffe wie Stickstoff können leicht ins Grundwasser ausgewaschen werden. Das Einarbeiten von Kompost und Ernterückständen erhöht den Humusgehalt und bindet Niederschlags- oder Gießwasser besser in den oberen Schichten. Ein harter Tonboden mit sehr wenigen Grobporen ist schwer zu bearbeiten, hält dafür viel Wasser, aber wenig Luft. Die Gefahr von Staunässe besteht und die oberste Schicht kann bei starkem Regen verschlämmen oder abgeschwemmt werden. Grober Kompost lockert die Struktur, belüftet den Boden und ermöglicht dem Regen in tiefere Schichten zu gelangen. Die besten Gartenböden sind Lehmböden mit einem ausgewogenen Gemisch aus Sand, Schluff und Ton. Die Wasserhaltefähigkeit und Belüftung liegen in einem guten Gleichgewicht, der Humusgehalt ist hoch und bildet eine gute Bodenstruktur für das Bodenleben und die Bodenökologie.

BODENARTEN

Bodenart	Erkennen	Vorteile	Nachteile	Verbesserungs-maßnahmen
Sand (S) 0,06–2,0 mm 	- sichtbare, fühlbare Körnung - nicht formbar - rieselt durch die Finger, haftet nicht in den Fingerrillen	- leichte Bearbeitung - kein Wasserstau - gut durchlüftet - gut durchwurzelbar	- wenig Nährstoffe - zusätzliche Düngung nötig - auswaschungsgefährdet, deshalb nur sehr geringe und häufige Düngungen empfehlenswert	- Urgesteinsmehl einarbeiten - Kompost und Mulch aufbringen - Gründüngung einsäen
Schluff (U) 0,002–0,06 mm 	- etwas formbar - haftet in den Fingerrillen - weich-samtig	- leichte Bearbeitung, - ausgeglichene Porengröße, - kein Wasserstau, trotzdem gute Wasserhaltefähigkeit - wenig Auswaschung	- Erosionsgefahr durch Wind	- kontinuierliche Bodenbedeckung gegen die Erosionsgefahr
Ton (T) < 0,002 mm 	- Klumpen formbar - haftet in Fingerrillen - glänzt - dunkle Farbe	- nährstoffreich	- schwere Bearbeitung - verschlämmt schnell - neigt zu Staunässe, hat trotzdem wenig pflanzenverfügbares Wasser - wenig Luftporen - schlecht durchwurzelbar	- Sand einarbeiten - eventuell kalken - Kompost und Mulch aufbringen - Gründüngung einsäen
Lehm beinhaltet alle Korngrößen zu ähnlichen Anteilen 	- krümelig, locker - keine Klumpenbildung - Mischung aus sandig, tonig und schluffig	- nährstoffreich - viel pflanzenverfügbares Wasser	- je nach Tendenz eventuell schwerer zu bearbeiten	- Bodengesundheit erhalten - je nach Tendenz Urgesteinsmehl oder Sand einarbeiten

BODENWISSEN

WAS BEDEUTET …?

Humus	Der Begriff stammt vom lateinischen Wort *humus* für Erdboden und bezeichnet die gesamte abgestorbene organische Substanz von Pflanzen oder Tieren im Boden. Humus ist belebt von Mikroorganismen (Bakterien, Pilze). Der Humusgehalt beträgt in Tonböden etwa 1 %, in Sandböden 1,5 bis 2 %, in Mineralböden ca. 2 %, in Waldböden 2 bis 8 %, in Grünlandböden 5 bis 15 % und in Moorböden über 30 %.
Organische Substanz	Sie umfasst abgestorbene Pflanzen und Tiere (Humus) plus die Biomasse lebender pflanzlicher und tierischer Organismen, ausgenommen sind größere Wurzeln und Tiere. Eine hohe organische Substanz wirkt sich positiv auf die Wasserhaltefähigkeit und Belüftung des Bodens aus.
Mineralboden	Er ist entstanden durch Gesteinsverwitterung und hat einen hohen anorganischen Anteil.
Wasserkapazität	Die Wassermenge, die ein Boden gegen die Schwerkraft halten kann, gemessen in Feldkapazität (ml Wasser/100 mm Bodentiefe). Sie ist abhängig von Bodenart, Bodenstruktur, Gehalt an organischer Substanz und Bodenchemie. Je mehr organische Substanz enthalten ist und im Gegenzug, je geringer der mineralische Anteil ist, desto höher ist die Feldkapazität. Je feiner ein organischer Boden ist, desto mehr Wasser kann er halten und die Wasserhaltefähigkeit ist höher.
pH-Wert	Der pH-Wert gibt an, ob eine wässrige Lösung sauer, neutral oder alkalisch bzw. basisch ist. Gemessen wird die Konzentration der Wasserstoffionen (H+): Je niedriger, desto höher ist der pH-Wert. Die Spanne reicht von pH-Wert 0 = extrem sauer, über 7 = neutral bis zu 14 = extrem basisch. Magensäure hat beispielsweise einen pH-Wert von 1,5, Milch einen von 6,5 und Natronlauge einen von 14. Im Garten liegt der optimale pH-Wert für die Pflanzen zwischen 6 und 7, eine Ausnahme bilden Rhododendren und Heidepflanzen, deren Optimum liegt bei 4 bis 5.
Kalkung	In sehr sauren oder alkalischen Böden sind Nährstoffe nur schlecht verfügbar oder liegen in so hohen Konzentrationen vor, dass sie pflanzenschädigend wirken. Problematisch sind eher zu saure Böden, deshalb wird mit einer Kalkung der pH-Wert erhöht. Das Calcium der Kalkung hat zudem eine gute Wirkung auf die Bodenstruktur. Calcium ist ein Strukturbildner, sowohl was den Boden, pflanzliche und tierische Zellwände als auch die Knochenstabilität betrifft.
Humuszehrer oder Humusmehrer?	Humuszehrer werden Pflanzen genannt, deren Wurzeln oder komplette Biomasse nach der Ernte vom Beet entfernt werden, z. B. Kartoffeln. Humusmehrer sind Pflanzen mit einer großen Wurzelmasse, die nach der Ernte im Boden verbleibt. Humusbildende Pflanzen sind Hülsenfrüchtler (Linsen und Bohnen), Kreuzblütler (Kohl, Senf, Raps) und Gründüngungspflanzen. Die Aufteilung in Humusmehrer und Humuszehrer bezieht sich im Grunde nicht auf die jeweiligen Pflanzen, sondern auf unsere Art und Weise der Nutzung und Ernte. Je mehr Biomasse vom Beet abtransportiert wird und je intensiver die Bodenbearbeitung ist, desto mehr zehrt es den Boden aus. Durch vorsichtige Bodenbearbeitung, gute Mischkultur, Gründüngung und regelmäßige Kompostgaben sind auch Humuszehrer weniger belastend für den Boden.

Wasserhaltefähigkeit im Klimawandel

Mit dem Klimawandel treten häufiger Extremwetterereignisse wie Trockenheit, hohe lokale Niederschläge und Überschwemmungen auf, deshalb ist es wichtig, den Gartenboden zu pflegen und wenn nötig zu verbessern. Den Ausgangspunkt bildet die Bodenart: sandig, tonig oder schluffig. Sehr sandige oder mineralische Böden trocknen schnell aus, bei Regen läuft das Wasser einfach durch und Nährstoffe können ausgewaschen werden. Stark tonige, lehmige und verdichtete Böden nehmen kein Wasser auf, es entstehen Pfützen. Gesunde und gute Böden im Garten, nicht zu sandig oder zu lehmig, puffern hingegen zu wenig oder zu viel Wasser besser ab. Auch schwierige Standorte können mit Geduld zu nährstoffreichen und tiefgründigen Böden für Gemüsebeete umgewandelt werden (siehe S. 37).

GESUNDER UND FRUCHTBARER BODEN

Gesunde Böden sind die Grundlage guter Ernten und einer vitalen Tier- und Pflanzenwelt. Im Nutzgarten gibt es vielfältige Möglichkeiten, Böden gesünder und damit fruchtbarer zu machen. Durch kontinuierliches Ernten ohne etwas zurückzugeben, Überdüngung und Versiegelung sinkt die Bodenfruchtbarkeit stellenweise so weit ab, dass der Boden so gut wie keine Mikroorganismen und andere Lebewesen enthält. Es entwickelt sich eine Bodenmüdigkeit. Beschleunigt wird dies durch schlechte Fruchtfolgen und Bodenkrankheiten. Böden können schnell zerstört werden, die Regeneration dauert hingegen Jahre bis Jahrzehnte. Um verdichtete Böden wieder zu regenerieren, wird Sand vorsichtig oberflächlich eingearbeitet und eine Kompostschicht fördert Mikroorganismen. Tiefwurzelnde Pflanzen, sogenannte Pfahlwurzler, wie Gelb-Senf, Öl-Rettich, Lupine, Inkarnat-Klee, Luzerne und Phazelie lockern den Boden auf. Sie schaffen damit bessere Voraussetzungen für nachfolgende Pflanzen.

MERKMALE EINES GESUNDEN BODENS

- Feine Erdkrümel
- Lockere, luftige und tiefgründige Struktur
- Leicht zu bearbeiten
- Kein Wasserstau, keine Pfützenbildung
- Pflanzen ohne Mangelsymptome
- Gleichmäßig hell bis dunkelbraun
- Erdiger Geruch
- Pflanzen mit Feinwurzeln
- Regenwurmgänge
- Aktives Bodenleben
- Hoher Humusgehalt

Bodengefährdung und -zerstörung	Bodenschutz und -verbesserung
- Versiegelung	- Entsiegelung
- Versalzung und Eutrophierung	- Bedarfsgerechte Düngung
- Erosion durch Wasser und Wind	- Humusgehalt erhöhen
- Verdichtung	- Flächen nicht bei Nässe befahren und bearbeiten
- Vergiftung durch Schadstoffe (chemische Substanzen, Biozide, Mikroplastik, Schwermetalle), Kontamination und Altlasten	- Ökologischer Pflanzenschutz, ökologische Düngung, Mikroplastikvermeidung
- Monokulturen	- Mischkulturen und Zwischenfrüchte
- Sinkender Humusgehalt und reduzierte Wasserhaltefähigkeit	- Kompostieren, Zwischenfrüchte, Mischkultur, Ernterückstände auf dem Beet und Wurzeln im Boden belassen, Mikroorganismen fördern

Mehr Moor!

Moore sind außergewöhnliche Ökosysteme, Lebensräume besonderer Tiere und Pflanzen und riesige CO_2-Speicher, die unser Klima stabilisieren. Aber sie sind auch begehrte landwirtschaftliche Flächen, und Torf ist ein gefragter Rohstoff für Substrate und als Brennstoff.

Ungefähr 3 % der weltweiten Landfläche besteht aus Mooren, in denen sich 30 % des gesamten globalen Bodenkohlenstoffs befinden.
Moor-Ökosysteme gehören weltweit zu den gefährdetsten ökologischen Flächen. In Deutschland sind über 90 % aller Moorflächen degeneriert, nur wenige Prozent befinden sich noch in einem natürlichen Zustand.
Aufgrund der besonderen Bedingungen entwickelten sich dort spezialisierte Pflanzen- und Tiergesellschaften. Wegen des hohen Wassergehalts und somit niedrigen Sauerstoffgehalts verrotten Pflanzen langsamer. Es wird mehr Kohlenstoff gebunden als freigesetzt. Dies geschieht teilweise über Jahrtausende. Pro Jahr wächst das Moor nur 1 mm. Moore sind somit große historische „Kohlenstoff-Konservendosen".
Die künstliche Entwässerung bei Baumaßnahmen, Tagebau, landwirtschaftlicher Drainage, Brunnen- und Straßenbau und höhere Temperaturen durch den Klimawandel führen dazu, dass mehr Sauerstoff ins Moor gelangt, sich die dicken Schichten zersetzen und Kohlenstoff und Lachgas freigesetzt werden.

MOORSCHUTZ UND TORFALTERNATIVEN

Ein Hektar Moor speichert durchschnittlich über 1000 Tonnen CO_2, über viermal so viel wie ein Hektar Wald. Außerdem bieten Moore außergewöhnliche Lebensräume und speichern bzw. filtern enorme Wassermengen. Aufgrund der guten Eigenschaften wird Hochmoortorf gern als gärtnerisches Kultursubstrat verwendet. Torf hat einen niedrigen pH-Wert, der durch Kalkung genau eingestellt werden kann, eine stabile Humusstruktur und ein hohes Wasserspeichervolumen kombiniert mit einer guten Luftversorgung. Der nährstoffarme Torf lässt sich für Jungpflanzen verwenden und bei Bedarf aufdüngen. Überdies ist die Qualität gleichbleibend und das Gewicht gering. Im Handel ist Torf deshalb in Anzucht-, Blumen- und Kübelpflanzenerden zu finden. Wegen dieser vielen Vorteile ist es gar nicht so einfach, Alternativen zu finden. Ersatzprodukte sind oft eine Mischung aus organischen Materialien (Holzfasern, Rindenhumus, Reisspelzen, Kompost) und mineralischen Ausgangsstoffen (Sand, Tonmineralen, Blähton, Perlite). Auch Torfmoos *(Sphagnum)* eignet sich, darf aber aus Naturschutzgründen nicht gesammelt, sondern muss für die industrielle Nutzung angebaut werden. Kokosmark und -fasern müssen importiert und mit Süßwasser entsalzt werden, deshalb auf nachhaltige und zertifizierte Quellen achten!

Hochmoor

Niedermoor

MOORWISSEN

WAS BEDEUTET ...?

Moor	- Böden mit über 30 % organischer Substanz - Dauerhaft durchnässt und dadurch hoher Luftabschluss im Boden - Spezialisierte Vegetations- und Tiergesellschaften - Saurer pH-Wert (< 7)
Hochmoor	- Synonyme: Regenmoor, Torfmoor, Sphagnummoor - Entstehung: auf Mineralböden mit wenigen Millimetern Zuwachs pro Jahr - Wachstum von Torfmoos *(Sphagnum)* - Sauerstoffmangel (anaerobe Bedingungen) durch eine hohe Wassersättigung - Kein Kontakt zum Grundwasser, gespeist durch Regenwasser (ombrogen) - Extrem nährstoffarmes (oligotrophes) Moor mit einem gewölbten Aussehen - Hohe organische Substanz mit artenarmer Vegetation und fleischfressende Pflanzen (Sonnentauarten) - Meist 3000 bis 8000 Jahre bis zu über 10.000 Jahr alt - pH-Wert < 3,5
Niedermoor	- Synonyme: Flachmoor, Niederungsmoor, Tiefmoor, Riedmoor, Seggenmoor - Entstehung: in Senken und Niederungen, Mulden und Quellwasseraustritten, Verlandung von Seen - Bis an die Oberfläche mit nährstoffreichem (eutrophem) Grundwasser durchsetzt - Nährstoffe und teilweise Kalk aus Zufluss oder Grundwasser (topogen) - Hohe organische Substanz mit artenreicher Vegetation - pH-Wert 3,5 bis 7,0
Übergangsmoor	- Synonym: Zwischenmoor - Zwischenstadium in der Entwicklung vom Niedermoor zum Hochmoor - Mischvegetation beider Moorarten
Torf	- Organische Substanz über 30 % - Verwendung: als Brennstoff, für Moorbäder und Beimischung zu Gartensubstraten
Weißtorf	- Entsteht im Hochmoor - Nicht bzw. schwach zersetzte Sphagnumreste - Verwendung: Strukurbildner für Substrate und Böden
Schwarztorf (Humintorf)	- Entsteht im Hochmoor - Untere braun-schwarze Schicht aus stark zersetzter Biomasse - Verwendung: Brennstoff, Gartenerden, Moorbäder

Ausgelaugte Böden sind rissig und humusarm – die Regeneration dauert Jahre. Mit Kompostschichten lässt sich die Gesundung etwas beschleunigen.

Mehr Wurzeln: Durch das Anhäufeln von Erde bilden Tomaten, Gurken, Kürbisse, Paprika und Kartoffeln Adventivwurzeln. So wird die Wasseraufnahme und zusätzlich die Stabilität der Pflanzen gefördert.

„Der Anfang ist immer heute."

Mary Wollstonecraft, englische Philosophin

KEIN UMGRABEN – NO-DIG-GARDENING

Pflügen und Umgraben gelten im Garten oder in der Landwirtschaft heute teilweise noch als Muss. Nach der Ernte und vor dem Winter werden Beete umgegraben und Felder gepflügt. Dadurch erhofft man sich einen luftigen Boden, Unkrautunterdrückung und eine gute Kompost- oder Düngereinarbeitung. Genau das Gegenteil passiert: Unkrautsamen werden nach oben geholt, Bodengefüge gestört und wichtige Bodenmikroorganismen umgeschichtet.
Das „Nicht-Umgraben" ist keine neue Methode, aber durch den Engländer Charles Dowding in den letzten Jahren wieder in eine breitere Öffentlichkeit gelangt. Dowding legt auch neue Beete ohne Umgraben an.
Auch stark verdichtete Böden sollten nicht umgegraben werden, es genügt eine Sand- und Kompostschicht aufzubringen und dann mit der Grabgabel vertikal vorsichtig zu lockern. Bodenschichten und -lebewesen werden nicht gestört und viel körperliche oder maschinelle Arbeit ist gespart.
Vorbild ist, wie so häufig, die Natur selbst. Sterben Pflanzenteile ab oder fällt Laub zu Boden, wird es von der Natur auch nicht großflächig eingearbeitet, sondern verrottet auf der Oberfläche bzw. wird von Kleinstlebewesen in den Boden gezogen. Mit der Zeit bildet sich ein stabiler, humusreicher und gesunder Boden mit einer guten Wasserhaltekapazität.
In der Regel können Gemüsewurzeln im Boden bleiben. Die Wurzeln von Leguminosen – Hülsenfrüchte wie Erbsen und Bohnen – nach der Ernte immer im Boden lassen, da sich an ihnen stickstoffsammelnde Knöllchenbakterien befinden.

NO-DIG-BEET SELBST ANLEGEN

Ökologisch und schnell

1. Auf die kurzgemähte Rasenfläche wird unbedruckter Karton (ohne Klebebänder) gelegt. Der Karton bildet zu Beginn eine Rasen- und Unkrautsperre und verrottet über die Zeit, sodass die Wurzeln der Gemüsepflanzen in die Tiefe wachsen können.

2. Darauf schichtest du eine Lage Grobmaterial und etwa 5 cm Kompost.

3. In den Folgejahren werden jeweils 1 bis 3 cm Kompost ohne Einarbeitung auf das Beet aufgetragen.

4. Salat-, Mangold-, Bohnen- oder Kohlwurzeln verbleiben nach der Ernte im Boden und wirken ebenfalls strukturverbessernd. Mischkulturen mit unterschiedlich großem und tiefem Wurzelsystem verbessern zusätzlich den Boden.

Kompostieren – Warum und wie?

In einer guten Kreislaufwirtschaft gehört kompostieren einfach dazu. Was von der Erde genommen wurde, wird wieder zurückgegeben und ernährt Pflanzen und Lebewesen. Wenn wir genügend und das Richtige zurückgeben, können wir wiederum eine tolle Ernte einfahren.

Kompostieren, ist das gärtnerische Paradebeispiel der nachhaltigen Ressourcennutzung. Der „Abfall" wird auf dem eigenen Kompost entsorgt, stofflich zu neuer Erde und Dünger umgewandelt und dann wieder genutzt. Analog geschieht das in großen Kompostieranlagen. Kompostieren im Garten ist nachhaltig – es lässt die Nährstoffe dort, wo sie gebraucht werden.

Richtig kompostieren

Auch richtiges Kompostieren will gelernt sein. Ein Kompost sollte immer Erdkontakt haben, denn das ermöglicht den Austausch mit Mikroorganismen, deshalb keine Steinplatten unter dem Kompost platzieren. Wichtig ist zudem ein Befüllen mit lockeren und abwechslungsreichen Materialien. Dicke Rasenschnittschichten schimmeln schnell, deshalb immer gut verteilt und mit anderen Pflanzenresten vermischen. Für eine schnelle Kompostierung Äste möglichst klein schneiden. Lebensmittelreste (keine tierischen Produkte) können in geringen Mengen kompostiert werden, ziehen aber auch Ungeziefer und Ratten an. Ein gut angelegter und geschichteter Kompost entwickelt keine unangenehmen Gerüche.
Der beste Standort ist im windgeschützten Halbschatten. Das verhindert Austrocknung durch zu starke Sonneneinstrahlung und hält die nötige Feuchtigkeit im Kompost. Im tiefen Schatten kann es hingegen zu Fäulnis kommen. In der Regel muss Kompost nicht gesiebt werden, außer es sind zu viele Äste enthalten oder die Erde soll zur Jungpflanzenanzucht und zum Topfen verwendet werden. Sehr grober Kompost entzieht durch die weitere Verrottung Stickstoff aus dem Boden. Hohlräume können sich darin bilden und junge Sämlinge finden keinen Bodenkontakt zur optimalen Wasserversorgung.

WELCHER KOMPOSTER IST DER BESTE?

Im Handel gibt es die verschiedensten Komposter zu kaufen. Die Holzvariante besteht aus einem nachwachsenden Rohstoff, bietet eine gute Belüftung und hält trotzdem die Feuchtigkeit. Der Nachteil, nach einigen Jahren verrotten die Bretter und müssen ersetzt werden. Metallgitter sind sehr beständig, stabil und gut zu recyceln. Dafür trocknet der Kompost schneller aus und die Metallherstellung ist sehr energieintensiv. Plastikkomposter oder auch Thermokomposter zeichnen sich durch ihr leichtes Gewicht und eine sehr schnelle Verrottung aus und sind auch für kleine Gärten geeignet. Es kann aber zu Fäulnis kommen. Die Plastikherstellung erfordert Erdöl und die Entsorgung führt zu einem Downcycling. Eine Wurmkiste oder Wurmbox eignet sich besonders für sehr kleine Gärten oder auch Balkone. Bei richtiger Befüllung mit Bio-Abfällen entstehen keine unangenehmen Gerüche. Die Kiste kann sogar in der Wohnung stehen.

BIOTONNE ABBESTELLEN?

Die Biotonne ist eine gute kommunale Maßnahme, um Ressourcen zu schonen. Seit 2015 gibt es eine deutschlandweite Sammelpflicht für Bioabfälle, denn Bioabfälle sind regenerative Energielieferanten, aus ihnen werden durch Vergärung Wärme und Strom gewonnen. Die Biotonne spart somit direkt CO_2-Emissionen aus Erdöl bzw. Erdgas ein. Zusätzlich entsteht Komposterde. Wer sich für einen eigenen Komposter entscheidet, stellt schnell fest, dass die Biotonne öfters leer bleibt und trotzdem nicht aus dem Haushaltsbuch verschwindet. Um Kosten zu reduzieren, kann die Tonne verkleinert, mit den Nachbarn geteilt oder seltener abgeholt werden. In einigen wenigen Fällen kann sie sogar ganz abbestellt werden. Bei der Antragstellung sind die Anzahl der auf dem Grundstück wohnenden Personen und die unversiegelte Grundstücks- oder Gartenfläche wichtig. Denn der Kompost muss auf dem Grundstück der „Eigenkompostierer" ordnungsgemäß ausgebracht werden. Je mehr Personen auf dem Grundstück wohnen, desto mehr Biomüll fällt an – das bedeutet auch mehr Stickstoff. Um eine Überdüngung und Nitratauswaschung ins Grundwasser zu vermeiden, muss demzufolge die Ausbringungsfläche groß genug sein. Dennoch gibt es immer wieder Bioabfälle wie Speisereste, die Ratten anlocken können, größere Mengen Heckenschnitt oder eine Kehrricht-Laubmischung, bei denen man doch sehr froh über eine Biotonne ist.

WAS DARF REIN UND WAS NICHT?

Ja

- Äste, zerkleinert (z. B. Heckenschnitt)
- Kaffeesatz
- Küchenreste
- Eierschalen
- Laub
- Obst- und Gemüsereste
- Pflanzenreste, gesund (z. B. Staudenschnitt, ausgegeizte Tomatentriebe)
- Rasenschnitt
- Sägespäne von unbehandeltem Holz
- Tee
- Zeitungspapier

Nein

- Essensreste, gekocht
- Fleisch und Fisch
- Holzasche
- Katzen- und Kleintierstreu
- Kehricht
- Obstschalen, gespritzt
- Papiertaschentücher
- Pflanzenreste, krank (Entsorgung über die Biotonne)
- Restmüll, Kunststoff, Metall
- Schnittblumen (außer aus biologischer Herkunft)

Richtig kompostieren – dann freuen sich auch die Regenwürmer im Beet.

Düngung – Futter für Boden, Pflanzen und Lebewesen

Pflanzen sind Lebewesen und benötigen wie Tiere und Menschen eine ausgewogene Ernährung. Vor allem über die Wurzeln nehmen sie Nährstoffe auf, deshalb müssen im Boden alle nötigen Nährstoffe vorhanden sein.

Das Geheimnis eines ökologischen Gartens ist ein ausgewogenes Geben und Nehmen. Bei einer regelmäßigen Ernte, bei der Biomasse vom Beet entfernt wird, ist es wichtig, dem Boden die Nährstoffe wieder zurückzugeben. Dies geschieht durch jährliche Kompostgaben und Düngung. Im Bioanbau sind ausschließlich ökologische Dünger und Pflanzenstärkungsmittel erlaubt, im konventionellen Anbau auch synthetische Dünge- und chemische Pflanzenschutzmittel. Mehr zu Mikro- und Makronährstoffen gibt es ab Seite 66.

WAS SIND …?

	Mineralische Dünger	Organische Dünger
Synonym	Kunstdünger	Wirtschaftsdünger
Düngemittel	Einzel-, Zwei-, oder Mehrnährstoffdünger	Mehrnährstoffdünger
Herkunft	Synthetisch erzeugte Verbindungen oder aus fossilen Naturvorkommen, z. B. Kalkstickstoff synthetisch, Kalisalz durch Abbau, Salpetergewinnung	Tierisch: Mist, Gülle, Jauche, Klärschlamm Pflanzlich: Kompost, Biogasanlagen, Gründüngung, Pflanzenjauchen
Vorteile	- Genaue Ausbringmenge - Gezielter Ausbringungszeitpunkt - Schnell pflanzenverfügbar	- Mittel- und langfristig verfügbar - Erhöhen den Humusgehalt - Enthalten Spurenelemente
Nachteile	- Begrenztes Vorkommen der fossilen Rohstoffe - Hoher Energiebedarf bei der Herstellung - Explosionsgefahr bei Stickstoff - Z. T. Reduktion des Humusgehalts - Auswaschungsgefahr	- Z. T. Geruchsbelästigung - Auswaschungsgefahr - Kurzfristige Verfügbarkeit nur bei Flüssigdüngern

NATÜRLICHE DÜNGEMITTEL

Im Bio-Garten werden statt mineralischen Düngern organische bzw. natürliche Düngemittel verwendet. Die größte Quelle eines natürlichen Düngers im Garten ist der Kompost. Teilweise ist es sinnvoll, kompostierbare Materialien nicht direkt auf den Kompost zu werfen, sondern gezielt als Nährstoff einzusetzen.

Eierschalen

Geeignet als Kalkdünger. Für eine schnelle Wirkung die Schalen mit einem Mörser zerkleinern. Gefärbte Eierschalen aus dem Handel nicht verwenden, außer es wurden biologisch abbaubare und unbedenkliche Lebensmittelfarben verwendet.

Kaffeesatz

Geeignet als Stickstoff-, Phosphor- und Kalium-Lieferant. Durch den niedrigen pH-Wert besonders gut für Hortensien, Eriken und Rhododendren. Auch alle Beerensträucher, vor allem Heidelbeeren, sowie Gurken, Tomaten, Zucchini und Kürbisse mögen Kaffeesatz.

Bananenschalen

Geeignet als Kaliumdünger. Bananenschalen in kleine Stücke schneiden und entweder gleich zu den Pflanzen geben oder trocknen. Bio-Bananen haben keine Fungizid-Rückstände. Kalium ist wichtig für die Blütenbildung, deshalb sind Blühpflanzen sehr dankbar für regelmäßig 2 bis 5 Esslöffel getrocknete Bananenschalen.

Holzasche

Hat einen sehr hohen pH-Wert, deshalb nur in geringen Mengen für kalkliebende Pflanzen und auf sauren Böden verwenden. Grillkohle bzw. -asche eignen sich normalerweise nicht, da umwelt- und gesundheitsschädliche Schwermetalle enthalten sein können. Asche von lackiertem oder beschichtetem Holz nicht im Beet, sondern nur über die Restmülltonne entsorgen.

Kartoffel- und Nudelwasser

Abgekühltes Kartoffel- und Nudelwasser enthält Mineralien, Kalium, Magnesium, Calcium (aus dem Leitungswasser) und kann für alle Pflanzen genutzt werden. Wichtig ist hierbei, dass wenig Salz verwendet wird, denn das führt zur Bodenversalzung und wirkt sich negativ auf die Nährstoff- und Wasseraufnahme aus.

Guano

Guano ist ein natürlicher Dünger aus verwittertem Vogelkot und enthält viel Phosphat, Stickstoff und andere organische Verbindungen. Große Mengen entstehen bei Seevogel- und Pinguinkolonien. Durch den industriellen Abbau werden diese Vögel gestört, teilweise werden ihre Brutstätten vernichtet. Deshalb ist der Guano-Einsatz äußerst kritisch zu hinterfragen.

(Ur-)Gesteinsmehl

Der Bodenhilfsstoff besteht aus fein vermahlenem Basalt- oder Lavagestein. Er beinhaltet keine Hauptnährstoffe, dafür Spurennährstoffe und wird zur Bodenverbesserung und gegen Schädlinge eingesetzt.

PFLANZEN ZUR GRÜNDÜNGUNG

- Bienenfreund, Phazelie *(Phacelia tanacetifolia)*
- Buchweizen *(Fagopyrum esculentum)*
- Erbsen *(Pisum sativum)*
- Gelb-Senf *(Sinapis alba)*
- Klee (*Trifolium*-Arten)
- Lupine *(Lupinus angustifolius)*
- Luzerne *(Medicago sativa)*
- Studentenblumen (*Tagetes patula* und *T. erecta*)
- Winter-Raps *(Brassica napus)*
- Winter-Roggen *(Secale cereale)*

Erbsen: Gründüngungspflanzen

PFLANZEN – GRÜN IST DIE HOFFNUNG

BIENENFREUND *(PHACELIA TANACETIFOLIA)*

Nicht nur Bienen, auch Hummeln, Schmetterlinge und Fliegen landen auf dem Bienenfreund und naschen von seinem Nektar.

Die Welt bunter machen!

Das Herz des Gartens

Auf den ersten Blick sieht man einem Garten an, ob er dazu beiträgt, die Artenvielfalt zu fördern oder nicht. Im eigenen Garten hat man vielfältige Möglichkeiten – mit ökologischen und nachhaltigen Methoden lässt sich die Biodiversität schützen und sogar erhöhen.

Im Garten wachsen unterschiedliche ein-, zwei- und mehrjährige Pflanzenarten aus verschiedenen Familien. Eine Vielfalt an Pflanzen blüht über die ganze Vegetationsperiode.

BIODIVERSITÄT IM EIGENEN GARTEN

Abwechselnde Wurzelsysteme von Flach-, Mittel- und Tiefwurzlern mit unterschiedlichen Nährstoffbedürfnissen fördern die Bodendiversität (siehe auch Schwach-, Mittel- und Starkzehrer, S. 65). Für die Tierwelt bedeutet Vielfalt eine Mischung aus Mikroorganismen, Insekten, Amphibien (Frösche und Molche), Reptilien (Eidechsen und Blindschleichen), Vögeln und Säugetieren wie Igel und Eichhörnchen. Platz findet diese Vielfalt im Garten in kleinteiligen Lebensräumen: Sträucher und Bäume, Wasserstellen, geschützte Laub-, Ast- und Holzhaufen oder auch Steinhaufen bieten sonnige, halbschattige, schattige, trockene, feuchte und nasse Bereiche.

WAS PFLANZEN LEISTEN

Dort wo es in der Natur grünt, gibt es Leben. Pflanzen bilden die Grundlage unseres Lebens, als Lebensmittel und als Sauerstoffproduzenten. Sie speichern CO_2 und regulieren über die Transpiration der Blätter die Temperatur und Luftfeuchtigkeit. Über die Blätter, Nadeln und Wurzeln reinigen sie Luft und Wasser. Als Basis der Ökosysteme bieten sie Lebensraum für viele Lebewesen: von den kleinsten Mikroorganismen bis hin zu den größten Tieren. Mit ihren Wurzeln stabilisieren sie den Boden und vermeiden Bodenerosion. Ihre Biomasse baut Humus auf und stellt Nahrung zur Verfügung. Das Landschaftsbild wird zwar von den geologischen Gegebenheiten durch Berge, Täler, Ebenen und Flüsse geprägt, aber auch ganz prägnant über die Vegetation.
Pflanzen sprechen alle unsere Sinne an. Wir sehen die Vielfalt, Harmonie und Schönheit, hören Blätter im Wind, riechen duftende Blüten, fühlen unterschiedlichste Texturen und schmecken alle Geschmacksrichtungen.

Pflanzenpower

Das leisten Pflanzen: Luftreinigung, Fotosynthese, Sauerstoffproduktion, Luftfeuchtigkeit- und Temperaturregulierung, Lebensraum für Tiere, CO_2-Speicher, Nahrung, Wasserreinigung und Bodenstabilisierung.

Blühstreifen sind nicht nur gut für die Biodiversität, sondern auch schön fürs Auge.

VIELFALT STATT EINHEITSBREI

Zur globalen Ernährung werden inzwischen nur noch wenige Arten wie Weizen, Reis, Mais, Sojabohnen und Zuckerrohr in Monokulturen angebaut. Im eigenen Garten hat man jedoch die besten Voraussetzungen, um Vielfalt zu pflanzen und zu ernten. Unterschiedliche Sorten bei Obst und Gemüse bringen Abwechslung auf den Teller und reifen zu verschiedenen Zeiten.
Auch in der Blumenrabatte bereichert eine große Arten- und Sortenvielfalt den Garten und erhöht die Krankheits- und Schädlingsresistenz der Beete.

Blühstreifen

Um Insekten und anderen Tieren einen Lebensraum und genügend Nahrung zu bieten, eignen sich Blühwiesen und -streifen. Ganz unkompliziert können pflegeleichte und insektenfreundliche Wildkräuter wie Schlüsselblumen, Gänseblümchen, Frauenmantel oder Beinwell auf Blühstreifen im Garten angesiedelt werden. Artenreiche Blühwiesen entstehen auf kargen Böden, deshalb dürfen die Flächen nicht gedüngt werden und die Biomasse muss nach dem Schnitt von der Fläche entfernt werden. Damit im nächsten Jahr nicht neu ausgesät werden muss, erfolgt der Schnitt erst nach Samenbildung und Selbstaussaat. Je nach Bodenart wird zu unterschiedlichen Zeitpunkten gemäht. Der früheste Schnitt sollte im Mai/Juni erfolgen, damit Insekten, die an den Pflanzen überwintern, vorher schlüpfen können. Um ihnen Platz zum Überwintern zu geben, sollte ein Drittel der Fläche ungemäht bleiben. Hierhin können die Insekten aus den anderen zwei Dritteln flüchten. Eine jährlich versetzte Mahd ermöglicht zudem zweijährigen Pflanzen, sich zu entwickeln.

Alte Sorten

Der Erhalt regionaler historischer Sorten bietet nicht nur eine abwechslungsreiche Blütenpracht und bereichert den Speiseplan, sondern sichert auch einen breiteren pflanzlichen Genpool. Alte Sorten sind oft für einen bestimmten Standort gezüchtet, sie wachsen dort besser, da sie angepasst sind. Im Umkehrschluss bilden sie für die Züchtung neuer klimaverträglicher Sorten eine breitere genetische Auswahlmöglichkeit und eine wichtige Ressource für die Zukunft.

Was bedeutet Biodiversität?

Biodiversität bezieht sich auf drei Ebenen: Die Diversität der Gene (genetische Vielfalt) innerhalb der Arten, die Diversität der Arten selbst (Artenvielfalt) und eine Diversität der Ökosysteme (Lebensräume).

UNKRÄUTER UND SCHÄDLINGE

Keine Pflanze ist ein Unkraut und kein Tier ein Schädling, wir und unsere Anbaumethoden machen sie dazu. Die meisten Gärten sind größtenteils durchgeplant, manche Wildkräuter und bestimmte Tiere sind darin nicht willkommen. In der Natur gibt es selten offene Bodenflächen, und wenn, wird die Gelegenheit schnell genutzt und Pflanzen siedeln sich an. In der Natur gibt es auch keine Monokulturen, denn viele Pflanzen der gleichen Art erhöhen das Risiko von Krankheitsbefall und Schädlinge vermehren sich hier leichter. Deshalb sind bedeckte Flächen im Garten eine natürliche Unkrautregulierung und Mischkulturen sowie insekten- und tierfreundliche Gärten ein natürlicher Pflanzenschutz gegen Krankheiten und Schädlinge.

1

2

3

1. Die 'Reisetomate', eine alte und außergewöhnliche Sorte wahrscheinlich aus Guatemala

2. Eine Kartoffelkäferplage kann in kürzester Zeit die gesamten Kartoffelblätter vernichten. Das hilft: absammeln und die betroffenen Stellen mit Urgesteinsmehl oder Kaffeesatz bestreuen.

3. Schneckenalarm! Absammeln ist zwar nicht beliebt, aber die effektivste Bekämpfungsmethode.

1

Gute Vermehrung

Ein gesunder Boden und die beste Wasser- und Nährstoffversorgung laufen ins Leere, wenn die Pflanzenauswahl nicht stimmt.

Sozial-ökologisch und ressourcenschonend ist der Einkauf von Pflanzen bei regionalen Bio-Gärtnereien. Regionale Betriebe haben kurze Transportwege und können direkt besucht werden. Auch auf Wochenmärkten sind sie anzutreffen. Bei der ökologischen Vermehrung und Anzucht verwenden sie keine synthetischen Dünge- oder Pflanzenschutzmittel.
Wer gern tauscht, findet Saatgut- und Pflanzenbörsen in den meisten Städten und Landkreisen. Termine dazu gibt es im Internet, in den Sozialen Medien, lokalen Zeitungen und bei den Gartenvereinen.

SAATGUT

„Support your local dealer." Am besten eignet sich für den eigenen Garten regionales Saatgut bzw. heimische Pflanzenarten: Sie sind an die lokalen klimatischen Bedingungen angepasst und erfordern am wenigsten zusätzliche Arbeit. Saatgut gibt es sortenecht und als F1-Hybriden. Sortenechtes oder historisches Saatgut ist durchgezüchtet, das bedeutet, die nächste Pflanzengeneration verändert sich nicht bei erneuter Aussaat. Die Samen können also gesammelt und für die nächste eigene Aussaat, ohne ungewollte Überraschungen, genutzt werden. Samen

2

3

von F1-Hybriden spalten sich bei der nächsten Aussaat auf, da die Elternpflanzen genetisch verschieden sind. Die erste Generation (F1) ist einheitlich, jede Folgegeneration ergibt wieder eine heterogene Mischung aus den Eigenschaften der Elternpflanzen. F1-Sorten besitzen im Vergleich zu den Eltern eine hohe Leistungsfähigkeit. Dieser Effekt wird Heterósis genannt und verschwindet mit der nächsten Generation wieder.

Die Vermehrung über Samen

Pflanzen werden generativ über Samen und vegetativ durch Pflanzenteile vermehrt. Beides spart den Einkauf, Transportemissionen und Plastiktöpfe. Bei der generativen Vermehrung sind Erntezeitpunkt und Aufbereitung des Saatguts am wichtigsten. Die Samen sollten zum Erntezeitpunkt voll ausgereift sein. Bei Tomaten und Gurken bedeutet dies eine reife Frucht. Samen von Bohnen, Erbsen, Radieschen und Kohl können bei trockener Witterung auch an der Pflanze getrocknet werden. Aber Achtung: Lässt man Bohnen und Erbsenschoten an der Pflanze hängen, bilden sich keine weiteren neuen Blüten und die Ernte ist vorbei.
Die Samen werden dann an einem schattigen Ort getrocknet und in beschrifteten Papiertütchen kühl, trocken, dunkel und sicher vor Mäusen gelagert.

Keimprobe

Ob älteres Saatgut noch keimfähig ist, wird mit einer Keimprobe festgestellt. Dazu benötigt man einen Teller, etwas Küchenpapier und Wasser. Das Papier auf den Teller legen und befeuchten. Einige Samen ausstreuen und je nach Pflanzenart an einen hellen oder dunklen Ort stellen. Das Papier immer feucht halten, nach einigen Tagen, spätestens nach drei Wochen sollten die Samen keimen. Die Keimfähigkeit in Prozent (%) ergibt sich aus der gesamten Samenanzahl geteilt durch die Anzahl gekeimter Samen mal Hundert. Damit sicher mindestens ein Samen pro Anzuchtplatz keimt, verwendet man bei einer Keimrate über 75 % zwei Samen, zwischen 50 und 75 % drei und bei einer Keimrate unter 50 % vier bis sieben Samen.

1. Eierschachteln eignen sich gut zur Aussaat, denn der Karton kann gleich mit ins Beet gesetzt werden.

2. Zur Aufbewahrung von Saatgut lassen sich beschriftete Gläser verwenden. Das Saatgut muss trocken sein, sonst kann Schimmel entstehen.

3. Keimprobe: Saatgut immer feucht halten. Die winzigen Wurzelspitzen dürfen nicht austrocknen.

1

2

3

Licht- und Dunkelkeimer

Nicht alle Samen werden einfach in die Erde gesteckt, einige benötigen zur Keimung Licht. Lichtkeimer sind überwiegend sehr kleine Samen und benötigen die zusätzliche Sonnenenergie, beispielsweise Basilikum, Dill, Gartenkresse, Gänseblümchen, Möhren, Kopfsalat, Tomaten und Senf. Eine hauchdünne Substratschicht, maximal in Saatkorndicke verhindert ein Austrocknen der Samen und die Verschwemmung durch Gießen oder Regen. Dunkelkeimer, wie Erbsen, Bohnen, Kürbis, Kapuzinerkresse, Koriander, Mangold, bunte Bete und Mais, haben in der Regel große und dicke Samen und damit genügend Energie, um auch in der Erde zu keimen. Aber auch hier gilt: Auf die Saattiefe achten und nicht zu tief ablegen.

WAS SIND ...?

Bedecktsamer *(Angiospermae)* bilden Früchte. Die Samenanlagen sind von einem Fruchtblatt umschlossen. Dazu gehören die meisten Pflanzen des aktuellen Erdzeitalters, alle Blühpflanzen, von Tulpen, Gänseblümchen, Gräser, über Gemüsepflanzen, Rhododendren bis zu Apfelbäumen und Magnolien.

Nacktsamer *(Gymnospermae)* bilden keine Früchte. Die Samenanlagen liegen frei auf den Samenblättern, dazu gehören die erdgeschichtlich ältesten Pflanzenfamilien der Farne, Palmfarne, Koniferen und Ginkgobäume.

Vernalisation – schön kalt

Einige Pflanzen und Samen benötigen einen Kältereiz, um zu wachsen oder zu blühen. Der Barbarazweig ist ein anschauliches Beispiel. Um zu Weihnachten einen grünen Zweig einer Forsythie, Birke, Hasel, Rosskastanie, eines Holunder- oder Apfelbaums zu haben, werden die Zweige erst am 4. Dezember geschnitten. Dann ist die Kältesumme für einen Blühreiz, die sogenannte Blühinduktion, erfüllt. Alle unsere Obstbäume, auch Wintergetreide oder Bärlauch und die meisten Zwiebelblumen wie Tulpen, Hyazinthen und Narzissen benötigen einen ausreichenden Kältereiz. Bleiben Kohlpflanzen und Mangold über den kalten Winter im Beet, schossen sie im nächsten Frühjahr und bilden Blüten.

BESTÄUBUNG – INSEKTEN, TIERE ODER WIND

Ohne Bestäubung entstehen keine Früchte und Samen und somit ist für die Pflanze keine generative Vermehrung möglich. Bevor sich Insekten und Tiere in der Erdgeschichte entwickelten, wurden alle Pflanzen vom Wind bestäubt. Typische Windbestäuber sind Weiden, Haselnuss, Birken, Gräser, Maispflanzen, Hanf- und Brennnesselgewächse.
Die fleißige Biene ist das Sinnbild der Bestäubung, aber es gibt noch unzählige weitere Helferlein. Vielfach unterschätzt werden Hummeln, Tag- und Nachtfalter, Wanzen, Fliegen, Ameisen und Käfer. Auch Vögel, Fledermäuse, Schnecken und einige Reptilien ernähren sich von den Gaben der Blüten oder nutzen diese als geschützte Schlafplätze und verteilen so den Pollen. Gemeinsam entwickelten sich Blüten und Bestäuber in der Evolution und sind erstaunlich gut aneinander angepasst.

Gefüllt, ungefüllt und steril

Im Handel werden Zierpflanzen mit ungefüllten, halb und ganz gefüllten Blüten angeboten. Bei gefüllten Sorten wurden durch Züchtung die Staubblätter in Blütenblätter umgewandelt. Sie bieten somit keine Nahrung für Insekten – keine Option für naturnahe und nachhaltige Gärten. Häufig sieht man gefüllte Forsythien, Rosen und Zierkirschen. Obstbäume werden mit gefüllten und sterilen Blüten angeboten, um in den Innenstädten zwar die schönen Blüten, Blätter und den Schatten zu genießen, aber keinen Fruchtfall und somit keine „Verschmutzung“ der Straßen und Gehwege zu haben.

Allergien?

Windbestäuber setzen Unmengen an Pollen frei, denn für sie gilt es Masse zu produzieren. Somit erhöht sich die Wahrscheinlichkeit, dass wenigstens ein Pollen über den Wind „zufällig“ die jeweils passenden Samenanlagen trifft. Insekten- und Tierbestäuber sind mit ihren Pollen sparsamer, dafür sind die Lockmethoden aufwendiger. Wer allergisch auf Pollen reagiert, sollte in seinem Garten Windbestäuber wie Gräser vermeiden.

1. Dunkelkeimer (Erbsen) haben meist große und Lichtkeimer (Salat) sehr feine Samen.

2. Bleibt Rosenkohl bis ins Frühjahr im Feld, beginnt er zu blühen.

3. Honigbienen sind für die Bestäubung der Obstbäume enorm wichtig, aber ein Großteil der Bestäuberleistung in unseren Gärten wird von Wildbienen erfüllt.

Hummeln sind schon bei 8 °C aktiv. Mit ihrem behaarten Körper sind sie sehr effektive Bestäuber.

PFLANZEN SELBST VERMEHREN STATT KAUFEN

Die vegetative, ungeschlechtliche Vermehrung gelingt je nach Pflanzenart über Wurzel-, Rhizom-, Stängel- oder Blattstecklinge. Wichtig sind der richtige Zeitpunkt und Sauberkeit. Der richtige Zeitpunkt liegt gewöhnlich im Ruhestadium, also im zeitigen Frühjahr oder Herbst.

Adventivpflanzen	Die Vermehrung über Adventivpflanzen, Kindel oder Tochterpflanzen, gelingt am einfachsten, denn die Jungpflanzen besitzen schon eigene Wurzeln und müssen nur noch eingepflanzt werden. Das bekannteste Beispiel sind Erdbeeren oder Hauswurze und bei den Zimmerpflanzen die Grünlilie.
Steckhölzer	Mit Steckhölzern lassen sich viele Sträucher und Ziergehölze vermehren: z. B. Holunder, Kornelkirsche, Weiden, Engelstrompeten, Pappeln, Forsythien, Liguster, Weigelien und Hortensien. In der kalten Jahreszeit werden etwa 20 cm lange und 0,5 bis 1,5 cm dicke, unbelaubte verholzte Stecklinge geschnitten. Das untere Ende schräg anschneiden, kühl und feucht lagern und im Frühjahr bis zum obersten Auge in die Erde stecken.
Wurzelstecklinge	Über Wurzelstecklinge wird beispielsweise Meerrettich vermehrt. Die Wurzel wird dazu in mindesten 3 cm dicke Scheiben geschnitten und in feuchte humos-sandige Erde gesteckt. Je nach Temperatur kann der Austrieb bis zu sechs Wochen dauern. Auch Himbeeren und Brombeeren können über 10 bis 20 cm lange Wurzelstücke vermehrt werden.
Rhizomteilung	Rhizomteilung gelingt bei Ingwer, *Canna*, Süßkartoffeln, Kurkuma, Iris, Galgant, Bogenhanf, Chinaschilf und Bambus. Ein Teilstück muss dabei mindestens ein Auge mit mehreren Zentimetern Rhizom haben. Die Rhizome werden mit dem Auge nach oben gesteckt und wenige Zentimeter mit Erde bedeckt.
Triebstecklinge	Bei der Vermehrung von Triebstecklingen werden grüne und belaubte Pflanzenteile zur Bewurzelung in ein Glas Wasser gestellt. Das Wasser regelmäßig erneuern und braune Blätter vorsichtig entfernen. Die bewurzelten Triebe in humos-sandige Erde setzen und Staunässe vermeiden. Begonien, Basilikum, Rosmarin, Salbei, Tomaten, Gurken, Geranien, Efeu, Wilder Wein, Minzearten und Zitronengras können so vermehrt werden.

1

Vegetative Vermehrung

2

3

4

5

1. Erdbeeren breiten sich durch unzählige Adventivpflänzchen aus.

2. Steckhölzer sind eine schnelle und unkomplizierte Methode, um Sträucher zu vermehren (hier: Weigelie).

3. Bei Wurzelstecklingen können aus jedem Knoten sowohl Wurzeln als auch Blätter wachsen.

4. Rhizomstecklinge, zum Beispiel von Iris, werden am besten im Frühjahr geteilt und neu eingepflanzt.

5. Im Glas kann das Wurzelwachstum von Triebstecklingen wunderbar beobachtet werden.

Gute Nachbarschaft

Wer hat nicht gern gute Nachbarn? Da unterscheiden sich Pflanzen nicht groß von uns. Wer sich mit wem verträgt, hängt von biochemischen Pflanzenstoffen und den jeweiligen Licht-, Wasser- und Nährstoffbedürfnissen ab.

Konkurrieren Pflanzen um Licht, Wasser und Nährstoffe, setzen sich die angepassten, schnell wachsenden und invasiven Arten durch. Einige Pflanzen scheiden Wirkstoffe aus, um sich selbst zu schützen und anderen Pflanzen oder Lebewesen zu schaden. Dieser biochemische Selbstschutzmechanismus wird Allelopathie genannt. Abgeleitet von den altgriechischen Wörtern *allélon* „wechselseitig, gegenseitig" und *páthos* „Leiden". Ein anschauliches Gartenbeispiel: Unter einem Walnussbaum gedeihen in der Regel keine anderen Pflanzen. Das Walnusslaub am Boden gibt den Wirkstoff Juglon ab, der die Keimung anderer Pflanzen hemmt. Auch Apfelbäume und Rosen scheiden über ihre Wurzeln Wirkstoffe aus. Sie sind nicht selbstverträglich, deshalb pflanzt man keinen Apfelbaum und keine Rose auf einen ehemaligen Apfel- oder Rosenstandort. Aber es gibt auch die gegenteilige Wirkung, dass sich bestimmte Pflanzengesellschaften gegenseitig beschützen. Dies kann gezielt durch eine gute Mischkultur genutzt werden.

Perfekte Dreierkombi: Mais, Bohne und Kürbis benötigen einen humosen Boden. Wichtig ist, dass die Maispflänzchen groß genug sind, sonst werden sie von den Bohnen und Kürbissen überwuchert. Deshalb solltest du Mais und Kürbis vorziehen. Auf unterschiedlichen Etagen wächst nun die Ernte. Die Bohnen versorgen die hungrigen Mais- und Kürbispflanzen mit Stickstoff. Der

1

2

GUTE NACHBARN

- **Mais, Stangenbohnen und Kürbis** versorgen sich gegenseitig – mit Schatten, Nährstoffen oder Rankhilfe.
- **Salat und Zwiebeln, Schnittlauch oder Knoblauch:** Salat wird gern von Schnecken gefressen, dagegen helfen Zwiebel-, Schnittlauch- oder Knoblauchreihen.
- **Erdbeeren und Knoblauch:** Knoblauch wirkt gegen Schneckenfraß und Grauschimmel.
- **Tomaten und Basilikum:** Basilikum vertreibt Blattläuse.
- **Kohl und Kapuzinerkresse:** Raupen des Kohlweißlings sind bei Kohlanbau eigentlich immer problematisch. Sie fressen aber auch gern Kapuzinerkresse und werden so vom Kohl abgelenkt.
- **Kohl und Tomaten oder Sellerie:** Tomaten- und Selleriegeruch vertreibt die Raupen des Kohlweißlings.
- **Möhren und Zwiebeln:** Die Pflanzen schützen sich gegenseitig vor Möhren- bzw. Zwiebelfliegen.
- **Zwiebeln** vertragen sich mit fast allen Gemüsepflanzen und wirken auch gegen Pilzkrankheiten wie Mehltau oder Grauschimmel (Botrytis).

SCHLECHTE NACHBARN

- Pfefferminze und die meisten anderen Kräuter: dominanter Wuchs, ätherische Ausdünstungen
- Petersilie und andere Doldenblütler (Möhren, Sellerie): Übertragung von Krankheiten
- Bohnen und Erbsen, Zwiebelgewächse, Gurken: Nährstoffkonkurrenz
- Erbsen und Bohnen, Zwiebelgewächse, Tomaten, Gurken: Nährstoffkonkurrenz
- Tomaten und Kartoffeln: Beide sind anfällig für Kraut- und Braunfäule (Pilzkrankheit).
- Erdbeeren und Kohl: Kohlfliege kann die Erdbeerwurzeln schädigen.

Feldsalat, Mairübchen, Pastinaken und Schwarzwurzeln verstehen sich mit allen anderen Pflanzen.

1. Mais und Bohnen helfen sich gegenseitig.

2. Gute Nachbarn: eine Mischkultur aus Möhren und Zwiebeln

Kürbis bedeckt im Sommer den Boden, unterdrückt das Unkrautwachstum und schützt vor Austrocknung.

FAMILIENBANDE

Familien sind keine Erfindung der Tier- oder Menschenwelt – auch Pflanzen haben Familien. In der Erdgeschichte bildeten sich aus einigen wenigen Lebensformen unglaublich viele Variationen, die mehr oder weniger miteinander verwandt sind. Pflanzen der gleichen Familie haben größtenteils einen ähnlichen Nährstoffbedarf und werden von ähnlichen Schädlingen und Krankheiten befallen. Deshalb ist es ratsam, beim Fruchtwechsel auf unterschiedliche Folgefamilien zu achten, das gilt übrigens nicht nur für Gemüsepflanzen, sondern auch für Gehölze. Rosen und Äpfel sind Mitglieder der Familie der Rosengewächse. Es sollte deshalb weder eine Rose nach einem Apfelbaum noch umgekehrt gepflanzt werden. Auch Kohl nach Kohl gepflanzt, erhöht die Gefahr für die Pilzkrankheit Kohlhernie. Auberginen und Tomaten vertragen sich ebenfalls nicht.

GUTE UND SCHLECHTE MISCHKULTUREN

	Bohne	Erbse	Gurke	Kartoffel	Knoblauch	Knollenfenchel	Kohlarten	Kopfsalat	Lauch	Mangold	Möhre	Paprika	Radieschen/Rettich	Rote Bete	Sellerie	Spinat	Tomate	Zucchini	Zwiebel
Bohne		–	+	+	–	–	+	+	–	+	–	–	+		+	+	+		–
Erbse	–		+	–	–	+	+	+	–		+		+	+	+	+	–		–
Gurke	+	+		–		+	+	+				+	–	+	+	+	–		+
Kartoffel	+	–	–				–	+						–	–	+	–		
Knoblauch	–	–	+				–		+		+						+		+
Knollenfenchel	–	+	+			+	+									+	–		
Kohlarten	+	+	+	–	–	+		+		+	+		+	+	+		+		–
Kopfsalat	+	+	+			–	+		+				+/–		–		+		+
Lauch	–	–	+		+			+			+		+	–	+	+	+		+
Mangold	+						+	+		+	+		+	–		–			
Möhre		+			+		+	+	+	+			+		+	+	+		+
Paprika	–		+														+		
Radieschen/ Rettich	+	+	–					+	+	+	+					+	+		–
Rote Bete		+	+	–			+	+	+		–		+				+		+
Sellerie	+	+	+	–			+		+		+					+			
Spinat	+		+	+			+		+		+		+	–	+		+		–
Tomate	+	–	+	–		+	+	+	+		–	+	+	–	+	+			+
Zucchini		+		–				+					–			+	–		+
Zwiebel	+	–	+	–	+		–	+			+		–	–		–	+	+	

Wunderfamilie Leguminosen

Die Hülsenfrüchtler besitzen eine ganz besondere Fähigkeit: Sie können Stickstoff aus der Luft binden. Damit versorgen sie sich selbst und auch andere Pflanzen. Sie eignen sich daher hervorragend als Gemüsekulturen, Zwischenfrüchte und zur Gründüngung. Die eiweiß- und fettreichen Früchte bilden in vielen Ländern einen Teil der Grundnahrungsmittel. Vielfältigste vegetarische und vegane Produkte werden daraus hergestellt und liefern so wichtige Inhaltsstoffe für eine gesunde Ernährung. Außerdem entwickeln sie ein gutes Wurzelsystem, was den Boden lockert, und bilden sehr schöne Blüten aus, die wiederum Insekten ernähren. Es gibt nicht nur krautige Pflanzen in der Familie der Hülsenfrüchtler wie Erbsen, Sojabohnen, Klee und Erdnuss, sondern auch Gehölze wie Robinie, Johannisbrotbaum und Ginster zählen dazu.

GARTENPFLANZEN UND IHRE FAMILIEN

- **Amaryllisgewächse** *(Amaryllidaceae)*: Knoblauch, Porree, Schnittlauch, Zwiebeln
- **Brennnesselgewächse** *(Urticaceae)*: Brennnessel
- **Doldenblütler** *(Apiaceae)*: Dill, Fenchel, Kerbel, Kümmel, Möhren, Pastinaken, Petersilie, Sellerie
- **Fuchsschwanzgewächse** *(Amaranthaceae)*: Mangold, Melde, Rote Bete, Spinat, Zuckerrübe
- **Hülsenfrüchtler** *(Fabaceae/Leguminosae)*: Bohne, Erbse, Klee, Lupine, Luzerne, Serradella, Wicke
- **Knöterichgewächse** *(Polygonaceae)*: Buchweizen, Knöterich, Rhabarber, Sauerampfer
- **Korbblütler** *(Asteraceae)*: Artischocke, Chicorée, Endivie, Kopfsalat, Löwenzahn, Pflücksalat, Schnittsalat, Schwarzwurzel, Sonnenblume
- **Kreuzblütler** *(Brassicaceae)*: Blumenkohl, Brokkoli, Chinakohl, Garten-Kresse, Gelb-Senf, Grünkohl, Herbstrübchen, Kohlrabi, Kohlrübe, Mairübchen, Meerrettich, Öl-Rettich, Radieschen, Raps, Rettich, Rosenkohl, Rotkohl, Rucola, Speise-/Steckrübe, Stielmus, Weißkohl, Wirsing
- **Kürbisgewächse** *(Cucurbitaceae)*: Gurke, Kürbis, Melone, Zucchini
- **Lippenblütler** *(Lamiacaea)*: Basilikum, Bohnenkraut, Majoran, Oregano, Salbei, Taubnessel, Thymian
- **Moschuskrautgewächse** *(Adoxaceae)*: Holunder
- **Nachtschattengewächse** *(Solanaceae)*: Aubergine, Chili, Kartoffel, Paprika, Peperoni, Pepino, Tomate
- **Rosengewächse** *(Rosaceae)*: Apfel, Birne, Brombeeren, Erdbeeren, Himbeeren, Kirschen, Mandel, Mirabellen, Pflaume, Rosen, Zwetschgen
- **Spargelgewächse** *(Asparagaceae)*: Spargel

Knöllchenbakterien an Leguminosenwurzeln von Bohnen, Erbsen oder Klee binden Stickstoff aus der Luft.

Gute Planung

Um die Ressourcen des Gartens perfekt zu nutzen, ist eine gute Planung für das Gemüsebeet sinnvoll. So werden Flächen optimal bepflanzt und die Ernten verteilen sich vom Frühjahr bis in den Spätherbst.

Winterernte

Lauch kann über den Winter im Beet stehen bleiben. So ist er lange haltbar und kann bei Schnee noch frisch geerntet werden.

Erntezeitverlängerung: Viele Gemüse kannst du von Frühling bis Sommer in Sätzen aussäen (siehe S. 148).

JUNGPFLANZEN SELBST ZIEHEN

Wer selbst Jungpflanzen zieht, spart sich den Weg in den Handel. Die neue Saison kann im Winter geplant und im Spätwinter oder zeitigen Frühjahr begonnen werden. Achte auf eine ausreichende Belichtung für die Jungpflanzen: Sonnige Ost- und Südfenster sind gut geeignet, damit die Pflanzen nicht vergeilen, d. h. zu lang und dünn werden. Eine Aussaat in gestaffelten Sätzen verlängert und entzerrt die Ernte.

VIER-FELDER-WIRTSCHAFT

So vielfältig die Gemüsepflanzenauswahl ist, so unterschiedlich ist auch der Nährstoffbedarf. Die seit Jahrhunderten bekannte Vier-Felder-Wirtschaft ist eine nachhaltige Nutzung der vorhandenen Flächen. Im ersten Jahr wurden Starkzehrer, im zweiten Mittelzehrer, im dritten Schwachzehrer angebaut und das vierte Jahr galt der Regeneration – der Sonntag des Feldes. Die Fläche lag brach, wurde nicht bearbeitet und Wildwuchs breitete sich aus. Mancherorts wurden Tiere darauf gehalten, was zusätzlichen Dünger auf die Fläche brachte. Heute gibt es keine Brachzeiten mehr, der ökonomische Druck lässt dies nicht mehr zu – es ist nicht wirtschaftlich genug. Die Felder müssen ohne Pause und teilweise ohne Fruchtfolgewechsel „durchschuften“. Auf die Dauer laugen die Böden aus und verlieren pflanzen- und klimarelevanten Humus. Im eigenen Garten können wir ganz bewusst und sorgsam mit den Beeten umgehen.

DIESE GEMÜSE KANNST DU BIS IN DEN WINTER ERNTEN

- Endiviensalat und Radicchio
- Grünkohl
- Knoblauch
- Kohlrabi
- Kürbis
- Lauch
- Mangold
- Möhren
- Pastinaken
- Rosenkohl
- Rot- und Weißkohl
- Spinat
- Wirsing

NÄHRSTOFFBEDARF VON GEMÜSE UND KRÄUTERN

Starkzehrer (1. Jahr)	Mittelzehrer (2. Jahr)	Schwachzehrer (3. Jahr)
Knollen, Lagerfrüchte, fruchttragende Pflanzen, viele Kohl- und Zwiebelarten	Kohl- und Zwiebelarten mit kurzen Anbauzeiten sowie Blatt- und Wurzelgemüse	Schnell wachsende Blattgemüse, Hülsenfrüchte und Kräuterpflanzen
Amaryllisgewächse: Lauch **Doldenblütler:** Knollensellerie **Korbblütler:** Artischocke, Sonnenblume **Kreuzblütler:** Brokkoli, Grünkohl, Rosenkohl, Rotkohl, Weißkohl, Wirsing **Kürbisgewächse:** Kürbis, Gurken, Melonen, Zucchini **Süßgräser:** Zuckermais **Nachtschattengewächse:** Tomaten, Paprika, Kartoffeln, Auberginen	**Amaryllisgewächse:** Zwiebeln, Schnittlauch, Knoblauch **Doldenblütler:** Möhren, Fenchel, Pastinaken, Wurzelpetersilie **Fuchsschwanzgewächse:** Rote Bete, Mangold, Spinat (z. T. auch Schwachzehrer) **Kreuzblütler:** Kohlrabi, Rettich **Korbblütler:** Endivie, Radicchio **Kürbisgewächse:** Zucchini	**Doldenblütler:** Dill, Koriander, Petersilie **Fuchsschwanzgewächse:** Spinat (z. T. auch Mittelzehrer) **Geißblattgewächse:** Feldsalat **Hülsenfrüchtler:** Bohnen, Erbsen **Korbblütler:** Kopfsalat **Kreuzblütler:** Gartenkresse, Mairübchen, Radieschen, Rucola **Lippenblütler:** Basilikum, Bohnenkraut, Majoran, Oregano, Thymian **Rosengewächse:** Erdbeeren

Gut geplant – Fruchtfolge, Mischkultur und ein Anbau in Sätzen bringt eine reiche Ernte.

Keine Knollen?

Bilden Radieschen, Sellerie und Kohlrabi keine Knollen, gibt es dafür mehrere Gründe: zu tief oder zu eng gesät bzw. gepflanzt, zu kurze Tage, zu schattig, zu kalt, verdichtete oder zu nährstoffreiche Böden. Deshalb sollte man immer auf Pflanzabstände und Sortenvorlieben achten. Verdichten Boden kannst du mit Humus verbessern. Nicht zu viel Kompost und Dünger auf die Beete geben!

Gute Ernährung

Pflanzen benötigen nicht nur Sonne und Wasser, sondern auch eine Vielzahl an Mikro- und Makronährstoffen. Damit die Nährstoffe von Pflanzen aufgenommen werden können, sind nicht nur die vorhandenen Mengen, sondern auch der Boden-pH-Wert wichtig.

In der Pflanzenernährung wird zwischen Makro- bzw. Hauptnährstoffen und Mikronährstoffen bzw. Spurenelementen unterschieden. Beide sind gleich wichtig, sie werden nur in unterschiedlichen Mengen benötigt. Durch eine regelmäßige Ernte werden dem Boden Nährstoffe entzogen. Das bedeutet, jedes Jahr muss gedüngt werden (siehe S. 46). Kompost bietet langfristig Nährstoffe (siehe S. 44), eine schnelle Wirksamkeit haben hingegen Pflanzenjauchen (siehe S. 69). Eine Gründüngung, als Ruhejahr wie bei der Vier-Felder-Wirtschaft oder Zwischensaat im Herbst bringen Nährstoffe in den Boden (siehe S. 64). Auch Zierpflanzen, Stauden, Sträucher und Bäume sind dankbar über eine jährliche Kompostgabe. Wer den Nährstoffgehalt genau wissen möchte, kann eine Bodenprobe ins Labor schicken.

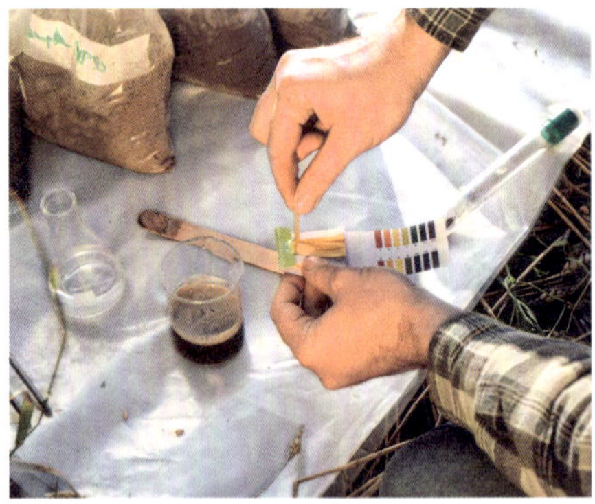

Der Boden-pH lässt sich selbst messen.

WAS SAGT DER PH-WERT?

Trotz optimaler Nährstoff- und Wasserversorgung schwächeln die Pflanzen? Dann liegt es möglicherweise am pH-Wert. Für eine optimale Nährstoffaufnahme ist ein pH-Wert zwischen 6,5 und 7,5 nötig. Ausnahmen bilden Heidepflanzen (Rhododendron, Erika, Heidelbeere), die saure Böden mit 4,5 bis 6,0 bevorzugen. Der pH-Wert kann mit einem Test-Set aus dem Gartenbauhandel oder ebenfalls über eine Laboranalyse ermittelt werden. Durch eine Kalkung wird der pH-Wert erhöht, mit Kaffeesatz kann der pH-Wert kleinräumig gesenkt werden. Rindenkompost und Nadelstreu eignen sich ebenfalls. Torf zur pH-Wert-Absenkung sollte aus ökologischen Gründen nicht verwendet werden.

Als Chlorose wird die Gelbfärbung der Blätter durch Mangelsituationen bezeichnet.

Nekrose ist das Absterben von Blatt- und Pflanzenteilen durch extremen Mangel, Schadstoffe oder Nährstoffüberschuss.

HAUPTNÄHRSTOFFE FÜR PFLANZEN

Nährstoff	Funktion in der Pflanze	Mangelsymptome	Düngemittel/Maßnahmen
Stickstoff (N)	- Bildung von Chlorophyll, Proteine (Eiweiß) - Wurzelaufnahme	- Ältere, d. h. die unteren Blätter werden gelb (Chlorosen, Nekrosen) - Zwergwuchs	- Kompost - Kaffeesatz - Organische tierische Dünger
Phosphor (P)	- Energielieferant und -transporteur in der Pflanze - Zellmembrane und -funktion	- Klein, kümmerlich - Dünne Stängel und kleine Wurzeln - Graugrüne Blätter	- Gärten sind überwiegend sehr gut mit P versorgt - Aus natürlichen Vorkommen - pH-Wert über 5,5 und unter 8,0 halten
Kalium (K)	- Regelt den Wasserhaushalt in den Zellen - Fördert Fotosynthese und den Transport wichtiger Stoffe - Blütenbildung	- Welke Pflanzen, - Hängende Blätter - Anfällig für Krankheiten und Schädlinge	- Bananenschalen - pH-Wert über 5,5 halten
Schwefel (S)	- Aminosäuren, Enzyme - Chlorophyll	- Jüngste Blätter werden gelb - Wachstum reduziert sich	- Organische Dünger - pH-Wert über 5,5 halten
Calcium, Kalk	- Stabilität der Zellwände	- Chlorosen an jüngeren Blättern und Fruchtspitzen - Stippigkeit von Äpfeln	- Kalk, in einigen Regionen Leitungswasser - pH-Wert über 5,5 halten
Magnesium (Mg)	- Chlorophyllbildung - Stoffwechsel	- Gelbe Blattflächen und grüne Blattadern	- pH-Wert über 5,5 halten

SPURENELEMENTE – OHNE SIE GEHT ES NICHT!

Eisen ist grundlegend für eine gute Fotosynthese und die Samenbildung, Kupfer wird ebenfalls für Fotosynthese und Blütenbildung benötigt. Eine ausreichende Bor-Versorgung ist wichtig für stabile Zellwände und die Zellteilung und -streckung. Mangan ist zuständig für den Chlorophyllaufbau, Phytohormonhaushalt, Vitaminaufbau und den Stoffwechsel. Molybdän steuert die Enzymaktivität und den Stoffwechsel, auch Zink ist daran beteiligt und sorgt zusätzlich für eine gute Samenqualität.
Ein Mangel an Spurennährstoffen zeigt sich durch schlechtes Wachstum, Chlorosen und Nekrosen. Ein Mangel tritt meist aufgrund eines zu hohen oder zu niedrigen pH-Werts auf, deshalb solltest du den Boden-pH-Wert stets zwischen 5,5 und 8 halten. Hilfreich sind auch Bodenverbesserungsmaßnahmen, beispielsweise Humus in sandige Böden und Sand in schwere Böden einzuarbeiten.

Zu viel gedüngt? Bei zu viel Stickstoff im Boden werden die Pflanzen dunkelgrün und wachsen eher schwammig, instabil und mastig. Es kommt zu verspäteter Fruchtreife und die Pflanzen sind anfällig für Spätfrost. Achtung: Nitrat ist auswaschungsgefährdet, wie auch Phosphor!

Gute Gesundheit

Ressourcenschonender und nachhaltiger Pflanzenschutz heißt, von Anfang an auf die Gesundheit der Pflanzen zu achten und nicht erst zu reagieren und nur die Symptome zu bekämpfen, wenn es schon fast zu spät ist.

1

Es gibt unterschiedliche umweltfreundliche Methoden. Ein guter Start ist die richtige Pflanze am richtigen Standort zur richtigen Zeit. Damit ist die Grundlage für ein gesundes Wachstum geschaffen, was den späteren Pflanzenschutz deutlich reduziert. Die Basis für gesunde Gärten sind: Mischkulturen, nicht zu enge oder zu weite Pflanzabstände, Fruchtfolge und Lebensräume für Nützlinge im Garten. Durch Artenvielfalt und Nützlinge hält sich der Garten selbst gesund.

BIOLOGISCHE MASSNAHMEN: NÜTZLINGE

Die biologische Bekämpfung funktioniert über natürliche Fressfeinde, die Eier, Raupen oder adulte Schädlinge verspeisen.
– Heimische Vogelarten wie Kohl- und Blaumeisen vertilgen Unmengen an Raupen. Mit katzensicheren Nistkästen, heimischen und fruchttragenden Hecken, Blühwiesen, kleinen Wasserstellen und Sandbadeplätzen fühlen sich Vögel im Garten wohl.
– Spinnentiere (Spinnen und Raubmilben) fressen kleinere Insekten oder saugen Spinnmilben, Trips und Weiße Fliege aus.
– Amphibien wie Frösche, Kröten und Molche fressen Schnecken, Fliegen und Mückeneier. Sie benötigen Totholzecken, Steinhaufen und feuchte Bereiche wie einen Teich.
– Säugetiere (Igel und Spitzmäuse) fressen Insektenlaven, Würmer, Schnecken und Raupen. Auch sie mögen Verstecke unter Steinhaufen und Totholzecken, auch Laubhaufen und alte Baumstümpfe sind gefragt.
– Blindschleichen und Eidechsen fressen Schnecken, Asseln, Würmer, Spinnen und sind inzwischen seltene Gäste im Garten. Sie lieben trockene und sonnige Orte, Steinhaufen, -mauern und -platten an denen sie sich ungestört aufhalten können. Auch Totholz, Komposthaufen und kleine Wasserstellen sind förderlich.

2

1. Vögel im Garten – fleißige Helfer
2. Blattläuse sind die Marienkäferleibspeise.

PFLANZENSTÄRKUNGSMITTEL

Pflanzen helfen Pflanzen

BRENNNESSEL *(Urtica dioica)*

Vorkommen Im Garten, Weg- und Waldränder auf sonnigen bis halbschattigen und nährstoffreich-feuchten Standorten.
Verwendung Als Stickstoffdünger.
Rezept Siehe Beinwell.
Tipp Die jungen Brennnesselblätter enthalten Vitamine und Mineralstoffe und können als Salat und zum Kochen verwendet werden. Die Nüsschen schmecken in Müsli, Salaten und geröstet. Wichtig als Futterpflanze für Schmetterlingsraupen.

BEINWELL *(Symphytum officinale)*

Vorkommen Auf nährstoffreichen Böden.
Verwendung Als Dünger, enthält Stickstoff, Kalium, Phosphor.
Rezept Beinwellblätter schneiden und dicht in einen Behälter schichten. Mit einem Stein beschweren; nach einer guten Woche, je nach Temperatur, zersetzen sich die Blätter und eine schwarze Flüssigkeit tritt aus. Die Flüssigkeit kann an einem dunklen und kühlen Ort gelagert werden und im Verhältnis 1:10 mit Wasser gemischt und ausgebracht werden.

ACKER-SCHACHTELHALM *(Equisetum arvense)*

Vorkommen Auf verdichteten und nährstoffreichen Böden in sonnigen Lagen.
Anwendung Vorbeugend gegen Pilzkrankheiten und pflanzenstärkend.
Rezept 1 kg frische Triebe in 10 l Wasser geben und täglich für zwei bis drei Wochen umrühren, bis die Schaumbildung abgeschlossen ist. 1 Teil Jauche mit 5 Teilen Wasser verdünnen und auf die Pflanzen spritzen.

(UR-)GESTEINSMEHL

Ursprung Lavagesteine, Basalt, Quarz, Zeolith.
Verwendung Spurennährstoffdünger, wirkt gegen Pilzkrankheiten und zusätzlich als mechanische Maßnahme gegen Schädlinge wie Schnecken und Blattläuse.
Anwendung In die Pflanzerde einmischen oder Pflanzen damit bestäuben.
Tipp Gesteinsmehl bindet Gerüche von Komposthaufen und -toiletten und verbessern die Bodenstruktur und die Wasserhaltefähigkeit.

1

2

3

1. Kulturschutznetze sind zwar meist aus Kunststoff, aber bei guter Pflege jahrelang einsetzbar und sogar waschbar.

2. Leimringe an Obstbäumen helfen gegen Frostspanner.

3. Die Pendelhacke entfernt schonend Unkraut zwischen und in den Gemüsereihen.

– Würmer (Regenwurm, Mist- und Kompostwürmer) fressen zwar keine Schädlinge, sind aber Bodenverbesserer, Kompostierer und Nahrungsgrundlage für andere Nützlinge. Bodenverdichtung und matschige Komposthaufen mögen Würmer nicht.

PFLANZENSTÄRKUNGSMITTEL

Zur Stärkung der Pflanzen werden mineralische Stoffe (Gesteinsmehl) oder Pflanzenjauchen (siehe S. 69) verwendet. Die Inhaltsstoffe wirken zum einen positiv und stärkend auf die Pflanzen und zum anderen aktiv gegen Schädlinge und Krankheiten.

MECHANISCHE MASSNAHMEN

Eine einfache Möglichkeit gegen Unkräuter und Schädlinge ist die mechanische Bekämpfung. Sie ist zwar mit körperlicher Arbeit verbunden, kommt aber ohne chemische Mittel aus. Regelmäßiges Jäten, Hacken oder Unterschneiden mit der Pendelhacke bekämpft unerwünschte Beikräuter. Sind die Unkräuter noch klein, können sie an Ort und Stelle liegen gelassen werden. Sauberkeit, d. h. kranke und welke Blätter entfernen, reduziert Schnecken und die Übertragung von Pflanzenkrankheiten. Kulturschutznetze halten Insekten, Säugetiere und Vögel von Gemüse und Obst fern. Das regelmäßige Absammeln von Schnecken (abends oder nachts!) und Raupen ist zeitaufwendig, aber effektiv und ökologisch. Leimringe an Baumstämmen hindern Insekten (z. B. Frostspanner) an der Eiablage in den Baumkronen und Leimtafeln fangen fliegende Insekten.

UNERWÜNSCHTE KRÄUTER SINNVOLL NUTZEN

KRÄUTERTEE: **HEILKRAFT AUS DEM GARTEN**

- Brennnessel *(Urtica dioica)*: harntreibend, verhindert Nierensteine, entschlackend, blutdrucksenkend, Immunsystem stärkend, schmerzlindernd, beruhigend
- Brombeerblätter (*Rubus*-Arten): Krebs vorbeugend, antibakteriell, entzündungshemmend, fiebersenkend, Immunsystem stärkend
- Gänse-Fingerkraut *(Potentilla anserina)*: entzündungshemmend, blutstillend, krampflösend, schleimlösend
- Gundermannblätter und -blüten *(Glechoma hederacea)*: antibakteriell, entzündungshemmend, wundheilend, schleimlösend, harntreibend
- Hirtentäschelkraut *(Capsella bursa-pastoris)*: blutstillend, blutreinigend, harntreibend
- Löwenzahn *(Taraxacum officinale)*: harntreibend und blutreinigend.

ZWERG-KANINCHENS LEIBSPEISE: **LECKER SCHMECKER**

Löwenzahn, Giersch, Brennnesseln und Wegericharten stehen ganz oben auf der Wunschliste der kleinen Haustiere.

Als mechanische Maßnahme können die meisten „Unkräuter" oder wuchernde Pflanzen auch einfach verspeist werden.

PFLANZENSTÄRKUNGSMITTEL: AUS DEM GARTEN FÜR DEN GARTEN

Pflanzen helfen Pflanzen: Wie Acker-Schachtelhalm und Brennnessel in Form von Tee, Brühe oder Jauche eingesetzt werden können, findest du genau auf Seite 69.

KRÄUTERSALAT: **ROH & GESUND**

Einfach mischen und genießen:
- Brennnessel: junge Blätter
- Garten-Schaumkraut: junge Blätter
- Giersch: junge Blätter
- Gundermann: Blätter und Blüten sparsam verwenden!
- Hirtentäschelkraut
- Löwenzahn
- Sauerampfer
- Spitzwegerich: junge Blätter und Knospen
- Vogelmiere

WASSER – DAS LEBENS-ELIXIER

OHNE WASSER KEIN LEBEN

Thales von Milet (624/23 bis etwa 847 v. Chr.), ein griechischer Naturphilosoph, sah im Wasser den Ursprung aller Dinge.

Die treibende Kraft der Natur

Sauberes Wasser in der richtigen Menge zur richtigen Zeit – das werden die Herausforderungen der Zukunft sein. Um diese zu meistern, erfordert es globales Denken und lokales Handeln, auch im Garten.

Vom Weltall aus betrachtet, sieht unser Planet blau aus. Nur wenigen Menschen war dieser beeindruckende Anblick bisher möglich – eine absolut transformative Erfahrung, die bei den Astronauten ein Gefühl des Staunens und der Ehrfurcht, der Einheit mit der Natur, der Transzendenz und der universellen Brüderlichkeit erzeugte. Dieses emotionale Erlebnis wird als „Overview Effect" bezeichnet. Das erste Foto der Erde aus dem Weltall, „Earthrise", wurde 1968 von William Anders aufgenommen. Es gilt als einer der Anstöße für die Umweltbewegung, denn es zeigt unseren belebten und wunderschönen Planeten mit der fragilen und dünnen Atmosphärenschicht mitten im unendlichen und kalten Kosmos.

WIE VIEL WASSER GIBT ES?

Die Oberfläche unseres blauen Planeten besteht zu dreiviertel aus Wasser. Auf der Erde gibt es etwa 1,4 Milliarden Kubikkilometer Wasser, das entspricht annähernd 320-mal dem Volumen des Mittelmeeres. Das meiste davon, über 97 %, ist Salzwasser. Das heißt, weniger als 3 % sind Süßwasser, wovon wiederum knapp 80 % gefroren sind. Es bleibt somit weniger als 1 % des gesamten Wasservorkommens, etwas mehr als dreimal das Mittelmeer, das frei verfügbar und für den Großteil der Pflanzen und Lebewesen an Land nutzbar ist.

SÜSS ODER SALZIG?

Bei einem Salzgehalt unter 0,1 % (weniger als 1 g Salz/l) wird von Süßwasser gesprochen. Infolge des Klimawandels schmelzen die Pole und Gletscher, es gibt immer mehr freies Süßwasser. Bei weniger als 1 % nutzbarem Süßwasser hört sich das im ersten Moment gut an. Aber die Eisschmelze führt zu einer Verdünnung des Meerwassers, dadurch ändert sich der Salzgehalt. Das Meerwasser hat durch das Salz (Natriumchlorid) eine höhere Dichte, es ist schwerer, als Süßwasser. Der Dichteunterschied zwischen Süß- und Salzwasser verursacht enorme Wasserumwälzungen in den Meeren. Beispielsweise wird so der Golfstrom im Atlantik angetrieben. Er befördert riesige Wassermengen zwischen der Süd- und Nordhalbkugel und stabilisiert Ökosysteme und das Klima. Ändert sich durch den Klimawandel u. a. der Salzgehalt, reduziert sich die Fließgeschwindigkeit, die

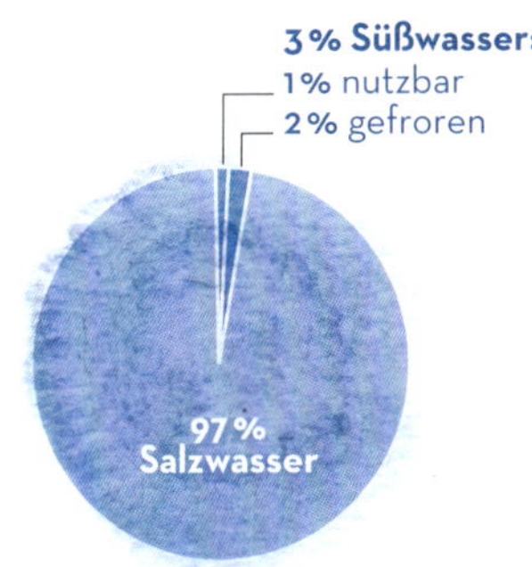

Nur 1 % des gesamten Wasservorkommens auf der Erde sind für uns nutzbar.

1. Wasser ist am leichtesten, wenn es gefroren ist.

2. In ewigen Bahnen ziehen sich Bäche und Flüsse durch die Landschaften.

1

2

Wasserwalze verlangsamt sich. Seit Mitte des 20. Jahrhunderts hat sich die Umwälzbewegung um etwa 15 % reduziert (Rahmstorf, 2018). Sinkt der Salzgehalt weiter und verändert sich dadurch die Dynamik, wird dies zuerst heißere und stürmischere Sommer in Europa und dann sinkende Temperaturen zur Folge haben. Das Klima in Europa würde sich beträchtlich verändern – mit Auswirkungen auf die ganze Welt, vor allem auf die Landwirtschaft und auch auf unsere Gärten.

DIE ANOMALIE DES WASSERS

Wasser kommt in drei Aggregatzuständen vor: gasförmig, flüssig und fest. In der Regel nimmt die Dichte – die Kompaktheit eines Stoffes – bei sinkender Temperatur zu. Das heißt, je kühler die Temperatur, desto mehr zieht sich der Stoff zusammen. Bei Wasser ist das anders. Wasser ist im gefrorenen Zustand leichter als im flüssigen. Deshalb schwimmt Eis auf der Wasseroberfläche und sinkt nicht ab. Die höchste Dichte, 1 kg/l, hat Wasser bei etwa 4 °C. Durch das Gefrieren dehnt sich Wasser wieder aus und Rohre oder Gartenschläuche können platzen.

WASSER IST NICHT GLEICH WASSER

Durch das Versickern von Regenwasser entsteht unterhalb der Bodenoberfläche Grundwasser. An Quellen, Flüssen und Seen tritt es als Oberflächenwasser auf natürlichem Wege wieder aus.
Die ältesten Grundwässer (fossiles Wasser) enthalten Wasser, das seit mehreren Millio-

Der menschliche Körper besteht zu 50 bis 75 % aus Wasser, je nach Alter und Geschlecht.

WASSERGEHALT IN %

Salatgurke	96	Apfel	85
Wassermelone	96	Himbeere	84
Kopfsalat	95	Birne	82
Tomaten	95	Kartoffel	78
Trauben	95	Rosinen	17
Radieschen	94	Weizen	14
Zucchini	94	Reis	13
Spargel	93	Haselnuss	6
Karotte	86	Walnüsse	5

nen Jahren nicht mehr an der Erdoberfläche war. Fossiles Wasser wird häufig als Trinkwasser und für die Landwirtschaft genutzt. Wird mehr abgepumpt, als neu entsteht, kann dies erhebliche soziale und ökologische Folgen mit sich bringen. Unbehandeltes Wasser aus der Natur wird vor der Reinigung und Aufbereitung als Rohwasser bezeichnet. Die Aufbereitung geschieht über mehrere mechanische und chemische Stufen. Das bedeutet, Wasser vor dem Wasserwerk ist Rohwasser, wenn es aus dem Wasserhahn kommt, ist es Leitungswasser mit Trinkwasserqualität.

Unser Leitungswasser

In Deutschland wird das Leitungswasser streng kontrolliert, somit leben wir mit dem unglaublichen Luxus, Wasser direkt aus der Leitung trinken zu können. Die Wasserqualität wird dezentral durch kommunale Wasserverbände geprüft.
Bei „Wasser für den menschlichen Gebrauch" gibt es Grenzwerte, die in der Trinkwasserverordnung (TrinkwV) festgelegt sind. Untersucht wird das Wasser auf Krankheitserreger, Mikroorganismen, chemische und radioaktive Stoffe. Die Wasserversorgungsanlagen werden wiederum durch das jeweilige Gesundheitsamt überwacht. Wir nutzen Wasser nicht nur direkt aus der Leitung zum Trinken, Kochen, Waschen, Reinigen oder Gießen, sondern verbrauchen auch indirekt Wasser durch unseren Konsum.

Virtuelles Wasser

Nicht nur der Nahrungsmittelanbau benötigt Wasser, ebenso verbrauchen die Verarbeitung, die Verpackung und der Transport direkt und indirekt Wasser. Neben dem CO_2-Fußabdruck gibt es somit auch einen Wasser-Fußabdruck, der das virtuelle Wasser einberechnet. Die Berechnungen sind äußerst komplex, deshalb ist es schwierig, Durchschnittswerte für Produkte anzugeben. In die Berechnungen fließen „grünes", „blaues" und „graues" Wasser ein. Im Grunde müsste für jedes Produkt, jede Anbauart, Verpackung, Transportstrecke etc. eine extra Berechnung erstellt werden. Aber um Relationen abschätzen zu können, gibt es hier trotzdem eine Grafik.

WAS IST WAS?

- **Grünes Wasser:** natürliches Boden- und Regenwasser
- **Blaues Wasser:** Grund- und Oberflächenwasser
- **Graues Wasser:** benötigte Wassermenge, um verunreinigtes Wasser wieder auf die Wasserqualitätsnorm zu bringen

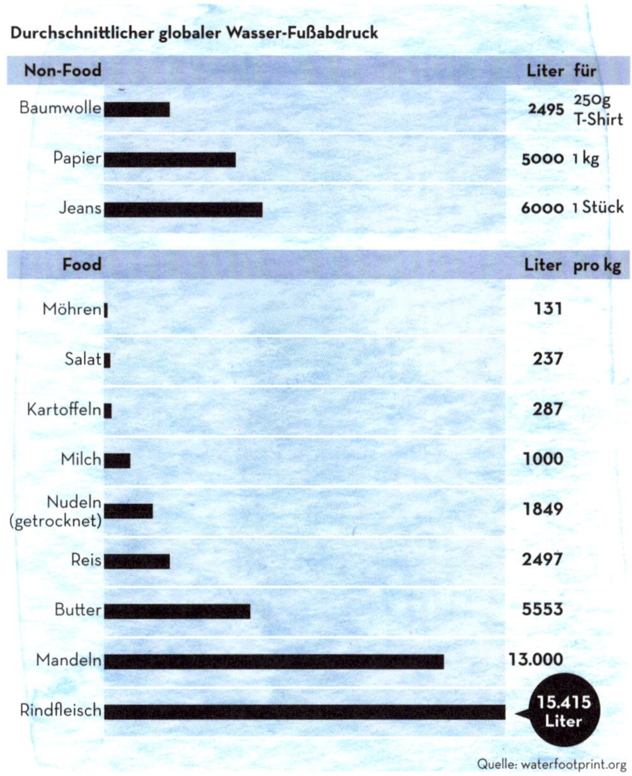

Eine pflanzenbasierte Ernährung spart nicht nur Anbauflächen, sondern auch extrem viel Wasser.

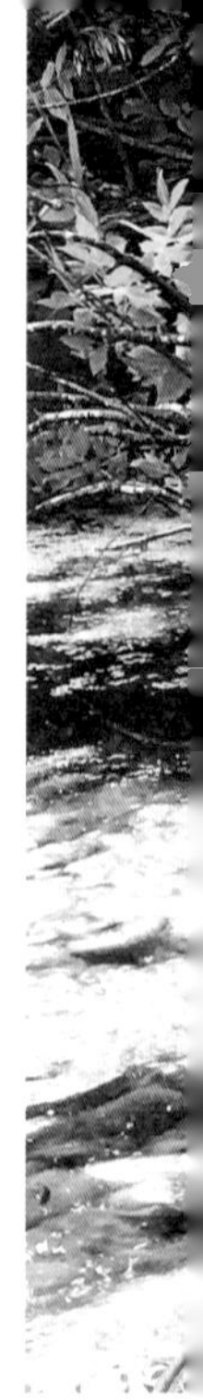

Wasserqualität – Kostbares Gut

Um unsere Umwelt und Gesundheit zu schützen, sollten wir sorgsam mit unserem Wasser umgehen und Verschmutzungen bei uns und in anderen Ländern vermeiden.

Mit einem nachhaltigen und ökologischen Konsum, in dem wir weniger verbrauchen und zusätzlich auf umweltschonende Produkte zurückgreifen, können wir das erreichen.

WASSERVERSCHMUTZUNG

Wasserverschmutzung hat viele Gesichter – deshalb gibt es auch vielfältige Möglichkeiten, Verschmutzung zu vermeiden. Denn die spätere Wasserreinigung erfordert viele technische Schritte, kostet Geld und ist teilweise mit vorhandener Technik noch gar nicht möglich.

Medikamente im Wasser

Humanarzneimittel gelangen über den Urin und eine unsachgemäße Entsorgung über die Toilettenspülung in die Kanalisation. Zusätzlich dringen Medikamente aus der intensiven Tierhaltung und von landwirtschaftlichen Flächen ins Wasser. Die winzigen Wirkstoffmoleküle können in der Kläranlage nur schwierig entfernt werden und landen dann wieder in den Oberflächengewässern. Dort besteht die Gefahr der Verbreitung multiresistenter Mikroorganismen und Hormone, die sich auf die Fruchtbarkeit von Fischen und anderen Lebewesen auswirken. Wer tierische Produkte aus ökologischer Landwirtschaft kauft oder – noch besser – den Konsum von tierischen Erzeugnissen und somit die Tierbestände reduziert, hilft Medikamente in der Landschaft und im Wasser zu vermeiden. **Wichtig!** Medikamente nicht über die Toilette entsorgen, sondern über die Restmülltonne oder zu Apotheken bringen.

Pflanzenschutzmittel im Wasser

Pestizide werden als Pflanzenschutzmittel gegen Schädlinge und Unkräuter verwendet. Durch Abdrift während des Spritzens, Versickerung und Abschwemmung gelangen sie ins Grund- oder Oberflächenwasser. Wer ökologisch einkauft und gärtnert, also auf Mischkultur, Fruchtwechsel und ökologischen Pflanzenschutz (siehe S. 68) setzt, leistet einen wertvollen Beitrag zur Reduktion von Pestiziden.

Reinigungsmittel im Wasser

In Privathaushalten werden diverse Wasch- und Reinigungsmittel verwendet. Hinzu kommen noch gewerbliche und industrielle Reinigungsmittel. Die Reinigungsmittel können Tenside (Schmutzlöser), Phosphate,

Gewässereutrophierung: Algenwachstum durch hohen Nährstoffeintrag führt zu Sauerstoffmangel im Wasser.

Duftstoffe, Konservierungsmittel, antibakterielle Inhaltsstoffe und Mikroplastik enthalten. Über den Abfluss gelangen diese in die Kanalisation und sind teilweise schwierig wieder aus dem Wasser zu filtern. Mit wenigen „Zutaten" wie Natron, Essig oder Zitronensäure können umweltfreundliche Reinigungsmittel für Garten und Haushalt selbst hergestellt werden.

Nitrat im Wasser

Nitrat ist eine chemische Verbindung aus Stickstoff (N) und Sauerstoff (O): NO_{3-}. Nitrat entsteht durch Bakterien aus Ammonium (NH_{4+}). Es ist ein wichtiger Pflanzennährstoff und wird als Dünger eingesetzt. Der Grenzwert für Nitrat im Trinkwasser liegt bei 50 mg/l. Die Gesundheitsgefahr hoher Nitratwerte liegt bei einem erhöhten Darmkrebsrisiko. Besonders kritisch sind hohe Gehalte für Säuglinge, denn hohe Nitrit-Werte, ein Vorprodukt von Nitrat, führen zu einer verschlechterten Sauerstoffaufnahme im Blut. Die Nitratbelastung im Wasser ist vor allem im Einzugsgebiet gartenbaulich und landwirtschaftlich genutzter Flächen hoch. Deshalb im Garten nicht zu viel Kompost und organische Stickstoffdünger immer nur nach Anwendungsempfehlungen ausbringen (siehe S. 46).

Gewässereutrophierung

Sie wird hauptsächlich durch unsachgemäßen Düngemitteleinsatz und den erhöhten Konsum tierischer Produkte verursacht. Durch den Eintrag von Stickstoff (N) und Phosphor (P) verschiebt sich das ökologische Gleichgewicht. Das Algenwachstum wird angeregt. Die Pflanzen und Lebewesen im Wasser leiden durch den Algenbewuchs unter Lichtmangel. Durch den bakteriellen Algenabbau, sinkt zudem der Sauerstoffgehalt, die Folge, das Gewässer kann „kippen" und das Fischsterben beginnt.

Mikroplastik im Wasser

Alle Plastikteilchen, die kleiner als 5 mm sind, werden als Mikroplastik bezeichnet. Mikroplastik zur Weiterverarbeitung (Plastic resin pellets) sowie für Hygiene- und Kosmetikprodukte (Microbeads), wird Primäres Mikroplastik genannt. Sekundäres Mikroplastik bezeichnet Kunststoffteilchen, die durch Abrieb, UV-Strahlung, Salzwasser und Fragmentierung von größeren Plastikteilen entstanden sind. Dazu gehören u. a. fein geriebenes Makroplastik im Meer, Autoreifenabrieb oder auch Mikrofasern, die beim Waschen synthetischer Kleidung und anderer Textilien entstehen (siehe S. 105).

Wasser im Garten sammeln und sparen

Der Klimawandel verändert Regenmengen und -zeitpunkte. Starkregenereignisse, Hochwasser und Trockenphasen nehmen zu. Besonders ist dies in den Grenzgebieten zwischen unterschiedlichen Klimazonen und -regionen zu beobachten.

Eine Veränderung der Regenmengen und -verteilung über das Jahr ist an regionale und globale Temperaturveränderungen gekoppelt. Beispielsweise wird eine lange Trockenphase von hohen Temperaturen begleitet, was wiederum eine höhere Transpirationsrate der Pflanzen bedeutet und einen erhöhten Wasserbedarf, der aber durch den fehlenden Regen nicht gedeckt werden kann.

WASSER SAMMELN

Im Garten können wir Wasser sammeln und sparen. Tatsächlich haben wir auch den Luxus, Leitungswasser zu nutzen. Eine große Rolle spielt im Garten dabei die Auswahl trockenheitsverträglicher Pflanzen, die weniger Wasser benötigen.

Regentonnen

Regentonnen gibt es in den unterschiedlichsten Größen und Formen. Wer Platz hat, kann mehrere Tonnen nebeneinander aufstellen und mit einem Schlauch kaskadieren. Platzsparende Varianten gehen in die Höhe und sind meist modular aufgebaut. Wichtig ist, immer den Deckel zu schließen oder ein Holzbrettchen einzulegen, damit kleine Tiere und Vögel, die versehentlich hineingeraten, ein „Rettungsboot“ haben und nicht ertrinken. Größere Auffangbehälter sind Zisternen und Erdtanks.

Von kleiner Vogeltränke bis zu großem Teich

Teiche sind ebenfalls eine gute Möglichkeit, um Wasser zu sammeln. Damit ein Teich nicht komplett durchfriert, muss die Tiefe mindestens 80 cm betragen. Wasserstellen im Garten sollten möglichst nur mit Regenwasser befüllt werden, denn Leistungswasser bringt meist zusätzlich Stickstoff und Phosphate ein und fördert somit das Algenwachstum. Zu viele Fische im Teich müssen häufiger gefüttert werden und produzieren somit auch mehr Kot, der wiederum zu Eutrophierung führt.

Dachbegrünung

Das Substrat einer Dachbegrünung sammelt und speichert Wasser. Die Pflanzen auf dem Dach sorgen für Transpiration und ein gutes Mikroklima und das durchlaufende Wasser ist biologisch gereinigt. Schon eine kleine Fläche, wie das Dach eines Gartenhäuschens, Mülltonnenhäuschens oder ein Vordach, fördert die Artenvielfalt. Eine nachträgliche Garagen- oder Hausdachbegrünung erfordert eine Abklärung der Statik und wird unter be-

1. Eine Dachbegrünung ist attraktiv fürs Auge, bietet Lebensräume und fördert das Mikroklima.

2./3. Vogeltränken und Teiche bieten Insekten und anderen Tieren auch in Trockenzeiten Wasser.

2

3

stimmten Bedingungen finanziell gefördert. Eine Dachbegrünung wirkt im Winter als Wärmedämmung und im Sommer als Hitzeschutz, bindet Feinstaub und es sieht einfach schöner aus (mehr dazu bei „Luft – Grüne Dächer“, siehe S. 93)

WASSER SPAREN

Längere Trockenphasen kann man durch vorausschauendes Gärtnern besser überbrücken.

Morgenstund' und zielgenau

Die beste Uhrzeit zum Bewässern liegt in den frühen Morgenstunden, dann nimmt der Boden am meisten Wasser auf. Die Pflanzen erhalten einen Wasserpuffer für den Tag und die Transpirationsrate über die Blätter ist durch die niedrigen Temperaturen am Morgen geringer. Wassersprenger sparen zwar Zeit, aber kein Wasser. Ein gezieltes Gießen an den Stamm oder Wurzelbereich führt das Wasser effektiver dorthin, wo es gebraucht wird, und es verdunstet weniger. Auch Ollas (Gießbirnen aus Ton) oder eingegrabene Tontöpfe neben wasserliebenden Gemüsepflanzen wie Tomaten liefern das Wasser genau dorthin, wo es gebraucht wird (siehe S. 85).

„Auch Quellen und Brunnen versiegen, wenn man zu oft und zu viel aus ihnen schöpft.“

Demosthenes (384 bis 322 v. Chr.), griechischer Redner und Staatsmann

REGENWASSER NUTZEN

WIE VIEL WASSER KANN ICH SAMMELN?

Dachfläche (m^2) × Regenmenge (l/m^2) = Wassermenge (l)

Die langjährige durchschnittliche Niederschlagsmenge in Deutschland beträgt knapp 800 l/m^2, mit hohen jährlichen und auch regionalen Schwankungen zwischen 550 und über 1000 l/m^2. Mai bis August und Dezember sind niederschlagsreiche Monate, der Februar hingegen weist im langjährigen Mittel die niedrigsten Niederschläge auf. In der Regel ist der begrenzende Faktor im Garten aber der Platz für die Regentonnen.

VOLLE REGENTONNE – 300 L REGENWASSER REICHEN FÜR …

… 10 große Tomaten- oder Gurkentöpfe an zehn warmen Tagen oder
… 1 × ein Gemüsebeet mit 20 bis 30 m^2 oder
… 5 bis 7 × ein 4 m^2 großes Gemüsebeet.
Es hängt natürlich immer von der Bepflanzung und vom Boden ab.

Bei einem Regentag mit einer Niederschlagsmenge von 20 oder 50 mm Niederschlag werden 15 bzw. 6 m^2 Dachfläche benötigt, um eine 300-Liter-Regentonne zu füllen.

WASSERBEDARF DER WICHTIGSTEN GEMÜSEARTEN

Gering	**Hoch und regelmäßig**
Aubergine	Gurke
Knoblauch	Kohl
Kürbis	Kopfsalat
Pastinake	Mangold
Rettich	Paprika
Rucola	Radieschen
Zucchini	Spinat
Zwiebel	Tomate

ALLES VOLL?

Du kannst den Niederschlag besser nutzen, wenn du kurz vor dem Regen alle überdachten Pflanzen gießt und alle Gießkannen mit Tonnenwasser auffüllst. Nach dem Regen ist alles gegossen und zusätzlich sind alle Regentonnen wieder voll.

WASSERVERBRAUCH **IM GEMÜSEGARTEN**

Eine große Tomaten- oder Gurkenpflanze benötigt an einem sonnigen Tag 2 bis 4 l Wasser, 1 m^2 Gemüsebeet braucht 10 bis 15 l.

1

2

1. Ein dünner Rasenmulch verhindert starkes Austrocknen.

2. Wer genau zielt, spart Wasser und gießt dort, wo es am nötigsten ist.

Mulchen

Mulchschichten und Zwischenfrüchte bedecken den Boden, verhindern eine übermäßige Verdunstung und Austrocknung durch Wind und Sonne. Unkraut wird unterdrückt bzw. kann leichter gejätet werden. Außerdem bildet sich unter dem Mulchmaterial ein aktives Bodenleben. Auch das Mulchen von Wegen speichert Wasser im Untergrund, auf das Gemüsepflanzen mit einer guten Wurzelbildung wiederum zugreifen können. Die Dicke der Mulchschicht sollte etwa 2 bis 3 cm betragen, mehr führt häufig zu Fäulnis und Schimmelbildung.

Die richtige Pflanzenwahl

Außerhalb des Gemüsebeets lässt sich die Gießmenge auch mit der richtigen Pflanzenauswahl minimieren. Viele Bodendecker eignen sich für die Begrünung schattiger Flächen oder als Unterpflanzung von Bäumen und Sträuchern. Trockenheitsresistente Pflanzen begrünen heiße Südhänge oder auch Hausmauern, die wegen Dachüberständen oft sehr trocken sind. Die Begrünung sieht schön aus, schützt vor Bodenaustrocknung, außerdem fühlen sich Bodenlebewesen wohl.

NATÜRLICHE MULCHMATERIALIEN

- Zerkleinerte Pflanzenreste vor der Blüte, um eine unkontrollierte Aussamung zu vermeiden, besonders geeignet sind Brennnesseln
- Gehäckselte Äste
- Dünne Schicht Rasenschnitt oder Laub
- Rindenmulch, für Wege und Baumscheiben, hat aber den Nachteil, dass durch den biologischen Abbau Stickstoff fixiert wird und der pH-Wert sinkt
- Schafwolle

Weniger ist mehr

Jungpflanzen müssen öfter gegossen werden, da sie nur einen kleinen Wurzelballen und wenig Erde im Anzuchttöpfchen haben, ihnen also nur eine geringe Wasserspeicherkapazität zur Verfügung steht. Später können die Pflanzen dagegen auch mal etwas trockener stehen. So entwickeln sich die Wurzeln besser, denn auf der Suche nach Wasser erschließen sie einen größeren und tieferen Bodenraum. Es muss weniger gegossen werden und bei Regen nehmen die größeren und längeren Wurzeln mehr Wasser auf. Ein Gießrand bei neuen Gehölzpflanzungen hält das Wasser näher am Stamm.

Blühende Bodendecker – z. B. Frauenmantel, Gundermann, Goldnessel, Kriechender Hahnenfuß, Kriechendes Fingerkraut, Pfennigkraut, Steinkraut, Storchschnabel, Taubnessel – schützen die Erde vor Austrocknung, bieten Nahrung für Insekten und sind gleichzeitig schön anzusehen.

TROCKENRESISTENTE PFLANZEN

Sonne

- Blasenstrauch
- Mediterrane Gewürzpflanzen (Salbei, Lavendel, Thymian, Bohnenkraut, Dost)
- Fetthenne, Mauerpfeffer (*Sedum*-Arten)
- Grasnelken
- Hauswurze
- Königskerze
- Lampionbaum
- Schnittlauch
- Steppenkerze
- Trompetenbaum
- Wolfsmilcharten
- Zierdistel
- Ziergräser
- Zürgelbaum
- Zwiebelpflanzen

Halbschatten bis Schatten

- Bergenie
- Busch-Windröschen
- Elfenblume
- Funkie
- Goldnessel
- Waldsteinie
- Wurmfarn
- Zwerg-Geißbart

PERSPEKTIVENWECHSEL: LUFTQUALITÄT UND LEBENSRAUM

Wasser ist nicht nur zum Gießen da! Wasser im Garten und in den Städten verbessert die Luftqualität, wirkt reinigend und senkt die Temperaturen in den bebauten Gebieten. Wasserstellen sind Auffangbecken für Niederschläge. Bei Starkregenereignissen und Überschwemmungen kann durch renaturierte Bäche Wasser besser abfließen. Ein Wasserlauf im Stadtgebiet bringt deutlich Kühle zwischen die Häuserschluchten. Immer mehr Städte verankern in den regionalen Klimaschutzkonzepten die Gewässerrenaturierung oder gar das erneute Freilegen von Bächen, auch um die Lebensqualität der Bürgerinnen und Bürger zu erhöhen. Wer sitzt nicht gerne am Wasser und beobachtet Pflanzen und Tiere und hört dem beruhigenden Plätschern zu. Die Renaturierung von Flussufern erhöht die Biodiversität, Uferrandpflanzen gedeihen, Libellen, Frösche, Molche siedeln sich an und die unterschiedlichsten Vogelarten finden Nistmöglichkeiten im Ufergehölz. Großflächig renaturierte Flussbereiche bieten einen besseren Hochwasserschutz als Betonwände und sie stellen natürlich einen enormen Erholungswert in einer immer schnelleren Welt dar.

Eine **Salatbepflanzung** in Gurken- und Tomatentöpfen verhindert durch die Beschattung die Austrocknung. Der Topf benötigt trotz der zusätzlichen Salatpflanze weniger Wasser.

OLLA – GIESSHELFER SELBST BAUEN

1. Du brauchst zwei gleichgroße Tontöpfe, einen passenden Untersetzer, eine Tonscherbe und Kleber. Klebe das Wasserabzugsloch in einem der beiden Töpfe wasserdicht mit einer flachen Tonscherbe zu.

Toniger Wasserspeicher

2. Bedecke den Rand des Topfes nahtlos mit Klebstoff, setze den zweiten Topf auf den ersten und drücke ihn fest. Überstehenden Kleber verstreichen, damit die Nahtstelle wasserdicht wird. Gut trocknen lassen.

3. Den Topf bis zum oberen Rand im Beet oder Hochbeet eingraben und die Erde drumherum gut andrücken, damit das Tongefäß überall Erdkontakt hat und sich die Feuchtigkeit später gut in der Erde verteilen kann.

4. Nach dem Eingraben Wasser einfüllen und das Loch mit einem Untersetzer abdecken, damit weder Schmutz noch kleine Tiere hineinfallen können.

5. Fertig ist die automatische Bewässerung für Beete und Hochbeete: Das Wasser gelangt durch die Poren des Tontopfes nach außen und wird nach und nach in die Erde abgegeben.

LUFT –
ATEM
DER WELT

Zwischendrin und überall

Luft ist etwas so Alltägliches und Selbstverständliches und wird uns erst bewusst, wenn sie besonders verschmutzt oder erfrischend sauber ist. Bäume, Sträucher und Stauden filtern Schadstoffe und Feinstaub und kühlen die Luft durch ihre Transpirationsleistung.

Saubere Luft

Luft hat eine besondere Eigenschaft: Sie ist da, als beweglichstes Element zwischen Erde und Wasser, aber niemand sieht sie. Sie ist nicht greifbar, aber jeder ist auf sie angewiesen. Der Boden hingegen ist ganz statisch, sichtbar und greifbar vor Ort.

DIE ATMOSPHÄRE

Die Entstehung der Atmosphäre als dünne Schicht, die den Planeten als gasförmige Lufthülle umspannt, hat die Entstehung von Leben überhaupt erst möglich gemacht. Diese dünne Haut ist zum einen unglaublich stark, indem sie die Kälte des Universums von etwa –270 °C und schädliche Strahlungen draußen hält und die Oberflächentemperatur der Sonne von 5000 °C so reflektiert, dass wir auf der Erde erträgliche Temperaturen haben. Die Fragilität der Atmosphäre und der destruktive Einfluss der Menschen wurden uns eindrücklich Anfang der 1980er-Jahre mit der Entstehung des Ozonlochs vor Augen geführt. Die Bedrohung war so direkt und konkret, dass sie relativ schnell zum FCKW-Verbot führte. Aufgrund der Langlebigkeit von FCKWs und den gestiegenen Lachgas-Emissionen verkleinert sich das Ozonloch aber nur sehr langsam.

Wie sieht es mit weiteren diffusen und klimawirksamen Veränderungen der Atmosphäre aus? Die weltweiten CO_2-Emissionen akkumulieren sich unsichtbar in der dünnen Schicht und verstärken den Treibhauseffekt. Die Bedrohung hat eine sehr lange Latenzzeit, sowohl im Auftreten der Folgen als auch in der Geschwindigkeit, diese wieder rückgängig zu machen. Zur komplexen zeitlichen Dimension der CO_2-Emissionen kommt zusätzlich die räumliche Dimension. Die Verursacher der CO_2-Emissionen sind weniger oder später von den Auswirkungen des Klimawandels betroffen als diejenigen, die wenig Treibhausgase ausgestoßen haben bzw. aktuell ausstoßen.

WEM GEHÖRT DIE LUFT?

Eine komische Frage – die erste Antwort wäre, die Luft gehört niemandem, sondern allen. Sie ist ein Allgemeingut. Wenn die Luft der Allgemeinheit gehört, ein Allmendegut ist, müsste es im Interesse aller sein, sie nicht zu verschmutzen. In der Praxis sieht dies leider anders aus. Da

Grüne Gärten in den Städten wirken als Luftfilter und reduzieren die Temperaturen.

die Luft niemandem gehört, wird auch sehr selten jemand für die Verschmutzung zur Verantwortung gezogen. Erst bei eindeutig nachgewiesenen gesundheitlichen Risiken und Umweltschäden kann vor Gericht gezogen werden. Meist spielen Geld und Macht eine große Rolle – wer eines oder beides hat, kann sich, wie so häufig, mehr herausnehmen. Es gibt zwar kein Menschenrecht auf saubere Luft, aber ohne saubere Luft ist ein gutes Leben schlecht möglich. Jeder Mensch ist auf gute Luft angewiesen, deshalb ist auch jeder aufgefordert, dafür zu sorgen, dass uns nicht der Atem stockt. Ein Garten und ein Balkon sind Gelegenheiten, direkt Einfluss auf die Qualität der Luft zu nehmen, indem ökologisch gegärtnert und viel Grau mit Grün ersetzt wird. Denn Pflanzen und vor allem Bäume sind wahre Luftreiniger und wirken regulierend gegen den Trend heißer betonierter Städte.

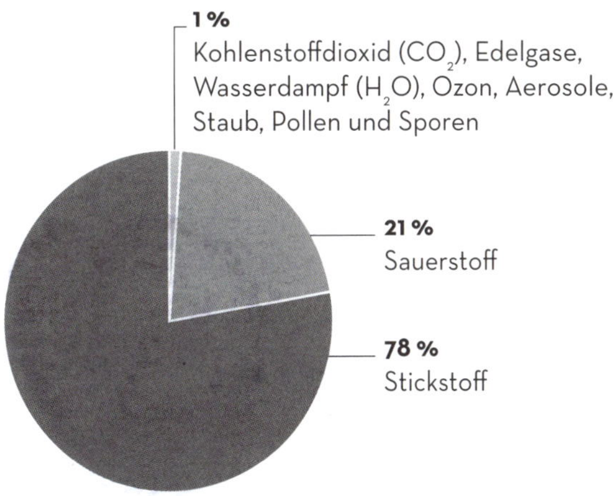

Wie setzt sich Luft zusammen?

KLIMA UND WETTER

Klima und Wetter sind durch die gleichen Faktoren charakterisiert: Sonnenstrahlung, Temperatur, Niederschlag, Verdunstung, Luftdruck und -feuchtigkeit, Bewölkung

BÄUME PFLANZEN FÜR BESSERE LUFT

Tiefwurzler bzw. Pfahlwurzler	Herzwurzler	Flachwurzler
Birne (*Pyrus*-Arten)	Ahorn (*Acer*-Arten)	Apfel (*Malus*-Arten)
Eberesche *(Sorbus aucuparia)*	Birke (*Betula*-Arten)	Essigbaum *(Rhus typhina)*
Eiche *(Quercus robur)*	Buche (*Fagus*-Arten)	Fichte (*Picea*-Arten)
Kiefer (*Pinus*-Arten)	Buchsbaum (*Buxus*-Arten)	Hortensie (*Hydrangea*-Arten)
Rose (*Rosa*-Arten)	Douglasie (*Pseudotsuga*-Arten)	Kornelkirsche *(Cornus mas)*
Schmetterlingsflieder *(Buddleja davidii)*	Ginkgo *(Ginkgo biloba)*	Liguster (*Ligustrum*-Arten)
Tulpenbaum *(Liriodendron tulipifera)*	Haselnuss *(Corylus avellana)*	Magnolie (*Magnolia*-Arten)
Walnuss (*Juglans*-Arten)	Kirsche (*Prunus*-Arten)	Thuja *(Thuja)*
Weinreben (*Vitis*-Arten)	Linde (*Tilia*-Arten)	Weide (*Salix*-Arten)
Weißdorn (*Crataegus*-Arten)		Zaubernuss (*Hamamelis*-Arten)

und Wind. Der Unterschied zwischen Klima und Wetter liegt in der räumlichen und zeitlichen Dimension.
Wetter ist das, was wir kurzfristig in einer bestimmten Region wahrnehmen – was uns der Wetterbericht sagt, ob es morgen regnet oder am Wochenende sonnig ist. Im eigenen Garten ist das Wetter ausschlaggebend. Es bestimmt, ob es vorteilhaft ist, morgen oder nächste Woche auszusäen, etwas zu pflanzen, die Bäume zu schneiden oder ob wir die ganze Woche gießen müssen.
Klima bezeichnet langfristige Mittelwerte für ein größeres Gebiet, eine Region, das Bundesland, das Land oder gar den Kontinent. Die klimatischen Charakteristika bestimmen Jahreszeiten und somit welche Pflanzen grundsätzlich wachsen können. Wir können im eigenen Garten Apfel- und Zwetschgenbäume, aber keine Avocado- und Dattelbäume kultivieren.
Seit 1881 werden in Deutschland Temperaturdaten gesammelt und ausgewertet. Um meteorologische Ausreißer, wie extreme Temperaturen, Niederschläge oder Dürreperioden zu erfassen, werden die aktuellen Werte mit den Durchschnittswerten der letzten 30 Jahren verglichen. Um den Klimawandel zu quantifizieren, gelten die Durchschnittswerte der Jahre 1961 bis 1990 als Referenz. Ein kurzfristiger Wechsel wird meteorologisch als Klimaschwankung bezeichnet. Klimaveränderungen beziehen sich hingegen auf eine langfristige Abweichung zum Durchschnittswert. Im Garten erleben wir ganz konkret die Abhängigkeit vom globalen, sich langsam ändernden Makroklima, können aber mit Pflanzen und Wasserstellen (siehe S. 80) das Mikroklima in kleinen Bereichen beeinflussen.

Das 2 °C-Ziel

Die globale Klimapolitik hat sich zum Ziel gesetzt, die Erderwärmung bis 2100 auf maximal 2 °C gegenüber dem vorindustriellen Niveau zu begrenzen. Nach dem heutigen Kenntnisstand wären die Folgen bei 2 °C einschätzbar. Im Gegenzug bedeutet es nicht, dass alles gut ist, wenn wir das 2 °C -Ziel erreichen sollten. Die Konsequenzen wären trotzdem sehr gefährlich und gravierend für Menschen und Umwelt. Die Kosten, jetzt etwas dagegen zu unternehmen, betragen nur einen Bruchteil von denen, die auf uns zukommen, wenn nichts oder nur wenig unternommen wird. Die Zerstörung weiterer Ökosysteme an Land und im Wasser, klimatische Katastrophen und Klimaflüchtlinge durch Heimat- und Arbeitsverlust sind auch bei 2 °C vorprogrammiert. Deshalb muss jeder einen Beitrag leisten, im Großen die Politik und Unternehmen und im Kleinen die einzelnen Bürger. Für Gärtnerinnen und Gärtner bedeutet das,

Ressourcen zu schonen, stetige Anpassung an veränderte Bedingungen und nachhaltige Mikro-Ökosysteme zu erschaffen.

Wind und Sturm

Auch in Deutschland nehmen sowohl Stärke als auch Häufigkeit von Stürmen weiter zu. Der Grund sind die lokal und global veränderten atmosphärischen Bedingungen. Es wäre vermessen zu sagen, man könnte mit dem eigenen Garten die Entstehung eines Orkans vermeiden, aber trotzdem, wer die Vorgänge in seinem eigenen Garten beobachtet, kann sie teilweise auf größere Maßstäbe übertragen und versteht, dass alles mit allem zusammenhängt. Wer Hecken, Sträucher und Bäume in seinen Garten pflanzt, reduziert die Windgeschwindigkeit und sorgt für Schatten. Bepflanzungen an der östlichen oder westlichen Seite reduzieren den Wind im Garten und lassen bis oder ab Mittag noch Sonne auf die Fläche. Wer große Bäume pflanzt, sollte auf Tiefwurzler wie Eibe, Eberesche, Flieder oder Weißdorn achten. Zum einen erreichen sie tiefere Wasserschichten und sind trockenheitstoleranter, zum anderen sind sie weniger windwurfgefährdet als Flachwurzler. Einmal gepflanzt und angewachsen sind Tiefwurzler deshalb schwer bis nicht mehr umsetzbar. Bei Flachwurzlern ist dagegen eine Unterpflanzung meist nicht möglich, dafür gedeihen einige Arten auch in Töpfen. Eine geschlossene Vegetationsdecke (mehr zu Bodendeckern siehe S. 84), senkt im Vergleich zu Asphalt und nacktem Boden die Temperaturen, erhöht die Luftfeuchtigkeit und vermindert Staubentwicklung bei Trockenheit und Stürmen.

LUFTVERSCHMUTZUNG

Mit der Industrialisierung hat auch die Luftverschmutzung zugenommen. Durch Industrie, Verkohlung, Waldrodungen, Erdölverbrennung, Baumaßnahmen, Verkehr, Haushalte und Landwirtschaft werden zusätzlich zu Vulkanausbrüchen und Saharastaub künstlich enorme Mengen an Gasen und Partikeln freigesetzt.

Luftverschmutzung macht krank. Laut Europäischer Umweltagentur sind 2019 knapp 180.000 Menschen in der EU daran verstorben. Rauch, Ruß, Aerosole, Feinstaub, Pestizide, Staub und giftige Dämpfe verursachen Lungenkrankheiten wie Asthma, Bronchitis und Herz- und Gefäßkrankheiten. Durch Luftverschmutzungen entstehen vor allem in Städten heiß-trockene Luft und gesundheitsgefährdender Smog. In Deutschland konnte durch vielfältige Maßnahmen, wie Abgas- und Industriefilter, die Smoggefahr erheblich gesenkt werden. Neben Menschen und Tieren leiden auch Pflanzen unter der Luftverschmutzung, wobei Pflanzen wiederum auch gute Luftreiniger sind.

Bäume spenden gemütlichen Schatten, reinigen die Luft und reduzieren die Windgeschwindigkeit.

Außerhalb von Städten ist die Luft durch Bäume, Flüsse und Wiesen feuchter.

Luftverbesserung im Garten

Saubere Luft nach einem warmen Sommerregen oder erfrischende Waldluft ist ein Genuss. Durch mehr urbanes Grün, mehr Wasser und weniger Staub können wir auch im Garten eine kleine Frischluftoase gestalten.

Gärtnerinnen und Gärtner haben vielfältige Möglichkeiten, die lokale Luft zu verbessern. Der kleinste Balkon eignet sich, denn eine Bepflanzung bindet Feinstaubpartikel, erhöht die Luftfeuchtigkeit durch Evapotranspiration, reduziert Windgeschwindigkeit und Austrocknung und senkt die Staubbildung und Temperaturen in Betonwüsten. Außerdem speichern Böden und Pflanzen Regenwasser und transpirieren Wasser, das erhöht die Wasserrückhaltekraft und die Luftfeuchtigkeit. Laut dem Karlsruher Institut für Technologie (KIT) kann durch eine Begrünung die Luftverschmutzung um bis zu 30 % verringert werden. Das ist natürlich abhängig von der Art und Größe der Begrünung. Neben den Bodenflächen, bieten Wände, Fassaden und Dächer zusätzliche Flächen für Pflanzen und somit Lebensraum und Nahrung für Insekten, Vö-

„Wie herrlich leuchtet mir die Natur! Wie glänzt die Sonne! Wie lacht die Flur!“

Johann Wolfgang von Goethe

gel und kleine Säugetiere. Pflanzen für die Begrünung von Fassaden findest du auf den nächsten Seiten.

GRÜNE DÄCHER

Eine Dachbegrünung ist eine gute Möglichkeit, um versiegelte Flächen wieder ökologischer zu gestalten. Auch wenn damit die Bodenschäden nicht rückgängig gemacht werden können, leisten diese Flächen einen großen Beitrag zur Biodiversität: als Lebensraum, Temperaturabsenkung und Wasserrückhalte- und Transpirationsflächen. Die Temperaturabsenkung beträgt bei begrünten Dächern im Vergleich zu nicht begrünten im Sommer bis zu 50 °C (Verbraucherzentrale NRW). Die Gestaltung einer Dachbegrünung hängt von der Statik und dem Kosten- und Pflegeaufwand, der investiert werden soll oder kann, ab. Unterschieden wird zwischen intensiver und extensiver Dachbegründung – beide Varianten können mit Solaranlagen kombiniert werden.

WAS BEDEUTET ...?

Transpiration: Verdunstung aus lebenden Organismen, bei Pflanzen die Wasserabgabe an der Pflanzenoberfläche aus dem Inneren der Pflanzen. Die Transpiration ist wichtig für die Nährstoffaufnahme. Einige Nährstoffe werden durch den Transpirationssog mit dem Wasser in die Wurzel und in die Pflanze „gesaugt".

Evaporation: Verdunstung von der freien Boden- oder Wasseroberfläche.

Evapotranspiration: Summe der Verdunstung von Boden- und Pflanzenoberflächen. Je höher die Wassernachlieferung des Bodens, desto höher auch die Evaporationsrate.

Interzeption: Niederschlag oder Schnee, der auf der Vegetationsdecke verbleibt und von dort wieder verdunstet, also nicht den Boden berührt. Eine besonders hohe Interzeptionsrate weisen Nadelwälder auf. An den Nadeln bleibt sehr viel Wasser hängen und wenig gelangt bis an den Boden.

Schönes Grau? Lieber schönes Grün und schönes Bunt!

DACHBEGRÜNUNG

	intensiv	extensiv
Ansprüche an die Statik	Hoch, da höheres Erd- und Substratvolumen	Niedrig
Nutzung	Vielfältig: erweiterter Wohn- und Gemeinschaftsraum, Gemüse- und Kräutergärten	Gering: natürliches Erscheinungsbild
Pflanzenarten	Freie Auswahl je nach Gestaltungskonzept und Statik: Beete, Blumenrabatten, Stauden, Gehölze, Rasen, Nutzpflanzen	Diverse Nischen- und Wildpflanzen: Gräser, Sukkulenten, trockenheitsresistente (siehe S. 84) und niedrigwachsende Pflanzen
Kosten	Hoch	Gering
Pflege	Aufwendig: Schnittmaßnahmen, Unkraut jäten, Nährstoff- und Wasserversorgung	Gering, da standortangepasste und selbsterhaltende Pflanzenauswahl

Schön & ökologisch

Eine Dachbegründung kann extensiv oder intensiv gestaltet werden – beides ist schön anzusehen.

BLAUREGEN

— *Wisteria sinensis, W. floribunda*

WUCHS Schlingpflanze, wächst bis 20 m hoch, sehr wuchsfreudig. Braucht unbedingt eine stabile Kletterhilfe: Achtung: Die Stämme quetschen sogar Regenrohre.

STANDORT Nährstoffreicher Boden.

LAUB Mai bis November.

BLÜTEN UND FRÜCHTE Blaue bis violette, duftende Trauben, Mai bis Juni. Giftige Hülsen.

PFLEGE Für eine schöne Blüte die Seitentriebe im August auf 30 bis 50 cm und im Spätherbst nochmals auf zwei bis drei Knospen einkürzen.

EFEU

— *Hedera helix*

WUCHS Selbstklimmer, bis zu 25 m hoch (1,5 m pro Jahr). Nistmöglichkeiten für Vögel. Achtung bei beschädigten Wänden!

STANDORT Humoser und feuchter Boden, Efeu kann sich im Schatten auch an Trockenheit anpassen.

LAUB Immergrün. Blätter als Waschmittel nutzbar.

BLÜTEN UND FRÜCHTE Grüngelbe, nektarreiche Dolden im September (ab einem Alter von ca. 10 Jahren). Kleine, schwarzblaue, runde Früchte von Februar bis April, Vogelnahrung, für Menschen giftig.

PFLEGE Bei Bedarf Rückschnitt im Frühjahr oder Sommer.

GEISSBLATT

— *Lonicera*

WUCHS 4 bis 6 m hoch, dicht und schnellwüchsig: Zuwachs von 60 bis 80 cm pro Jahr.

STANDORT Locker humoser und frisch-feuchter Boden.

LAUB April bis Oktober, Ausnahme: *Lonicera henryi* ist immergrün.

BLÜTEN UND FRÜCHTE Trompetenförmige, weiße, gelbe oder rosafarbene Blüten von Juni bis September, duftend. Kleine schwarze Beeren (giftig) im Herbst, Vogelnahrung.

PFLEGE Regelmäßiger Verjüngungsschnitt im zeitigen Frühjahr.

MINI-KIWI, WEIKI

— *Actinidia arguta*

WUCHS Schlinger, 4 bis 10 m, 1 bis 1,5 m Jahreszuwachs. Rankhilfe nötig.

STANDORT Bevorzugt einen schattigen Fuß wie *Clematis*, durchlässige und humose Böden mit einer guten Wasserversorgung mit Regenwasser.

LAUB Gelbe Herbstfärbung.

BLÜTEN UND FRÜCHTE Kleine weiße Blüten im Juni, männliche und weibliche Pflanzen nötig für Befruchtung, essbare 2 bis 3 cm große Früchte im Herbst, kurze Haltbarkeit.

PFLEGE Schnitt im Sommer oder Herbst.

KLETTER-HORTENSIE

— *Hydrangea petiolaris*

WUCHS Selbstklimmer, bis zu 12 m hoch, langsam wachsend. Eine Rankhilfe ist zu empfehlen.

STANDORT Humos-feuchter Boden. Kalkhaltige Erde wird nicht vertragen, deshalb mit Regenwasser gießen und eventuell bei der Pflanzung Rhododendronerde verwenden.

LAUB April bis Oktober, attraktive gelbe Herbstfärbung.

BLÜTEN UND FRÜCHTE Duftende große Blüten von Mai bis Juli in tellerförmigen, weißen Schirmrispen.

PFLEGE Mulchen, Schnitt im zeitigen Frühjahr vor dem Austrieb.

KLETTERROSEN

— *Rosa* spec.

WUCHS 3 bis 5 m, stabile Kletterhilfe nötig. Ramblerrosen sind schön in Kombination mit Waldreben.

STANDORT Humoser Boden, gute Wasserversorgung.

LAUB Mai bis November.

BLÜTEN UND FRÜCHTE Größe, Farbe und Duft je nach Sorte, ungefüllte Blüten sind insektenfreundlich, zum Teil Hagebutten im Spätsommer/Herbst.

PFLEGE Auslichten abgestorbener und kranker Äste und Wildtriebe im zeitigen Frühjahr. Verblühtes abschneiden, das regt die Blütenbildung an.

BERG-WALDREBE

— *Clematis montana*

WUCHS Je nach Sorte bis zu 10 m hoch. Blattstielranker: Rankhilfe und Rankgitter nötig.

STANDORT Feuchter Boden, schattiger Fuß, Staunässe wird jedoch nicht vertragen.

LAUB April bis Oktober.

BLÜTE UND FRÜCHTE Blüte im Mai und Juni in unterschiedlichsten Farben und Größen. Ungefüllte Blüten sind insektenfreundlich. Buschige Samenstände bleiben über den Winter an der Pflanze hängen.

PFLEGE Regelmäßig wässern, Rückschnitt im Frühjahr.

WILDER WEIN

— *Parthenocissus tricuspidata, P. quinquefolia*

WUCHS Selbstklimmer, wächst über 25 m hoch, 1 bis 3 m Jahreszuwachs, keine Kletterhilfe nötig.

STANDORT Anpassungsfähig an unterschiedliche Lichtverhältnisse, Boden feucht bis trocken.

LAUB Mai bis Oktober, attraktive rote Herbstfärbung.

BLÜTEN UND FRÜCHTE Kleine, gelb-grünliche Blüten im Juni, kleine blau-schwarze Früchte im Herbst, Vogelfutter.

PFLEGE Regelmäßiger Schnitt im Frühjahr, Schnitt ist aber auch während des Sommers möglich. Achtung: Die Haftscheiben sind schwer vom Mauerwerk zu entfernen.

WEINREBE

— *Vitis* ssp.

WUCHS Bis zu 12 m hoch, 1 bis 2 m Jahreszuwachs, stabile Rankhilfe nötig.

STANDORT Humos-feuchter Boden mit guter Wasserversorgung, sonst tritt Mehltau auf.

LAUB Sommergrün von Mai bis Oktober, attraktive gelb-rote Herbstfärbung je nach Sorte.

BLÜTEN UND FRÜCHTE Unscheinbare Blüten ab Juni. Grüne oder violettblaue essbare Früchte im Spätsommer/Herbst.

PFLEGE Regelmäßiger starker Rückschnitt im Spätherbst oder sehr zeitigen Frühjahr.

ERDÖL – DAS FLÜSSIGE GOLD

Fossiler Energieträger – Endliche Ressource

Erdöl, ist der bedeutendste fossile Energieträger unserer Zeit und die Basis der Petrochemie. Nicht nur Benzin, Diesel, Kerosin oder Kunststoffe werden mit Erdöl hergestellt, auch Farben, Reinigungsmittel, Schmieröl, Teer und sogar Arzneimittel.

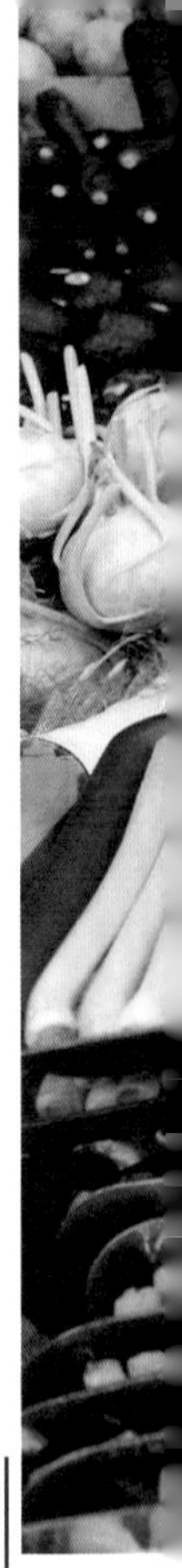

1

Erdöl benötigt für die Entstehung mindestens Zehntausend, teilweise sogar Millionen Jahre. Es bildet sich am Meeresboden aus abgestorbenem Plankton und Algen. Durch den Sauerstoffmangel verrottet die Biomasse nicht wie auf einem Kompost, sondern bildet zuerst einen Faulschlamm, der sich später in Erdöl umwandelt. Deshalb finden sich heute die meisten Vorkommen im Meer, was bei der Förderung und auch beim Transport mittels Seetanker vielfach zu ökologischen Ölkatastrophen geführt hat und immer noch führt.
Das „flüssige Gold" besteht hauptsächlich aus Kohlenstoff (C) und Wasserstoff (H). Letztendlich ist es schwierig, zu bestimmen, wie viel Öl noch vorhanden ist, denn nicht alle vorhandenen und geförderten Mengen sind bekannt und Fördertechnologien ändern bzw. verbessern sich. Doch bevor die letzten Erdöl- oder Kohlereserven angezapft werden und diese fossilen Energieträger knapp werden, wird es klimatisch weit früher schon knapp. Denn unser CO_2-Budget, um die Pariser Klimaziele noch zu erreichen und für zukünftige Generationen noch eine gute Zukunft zu ermöglichen, ist um einiges geringer als die Vorkommen. Die Atmosphäre kann viel weniger CO_2-Emissionen aufnehmen, ohne dass wir unkontrolliert in den Klimawandel stürzen, als die Vorkommen fossiler Ressourcen noch bereitstellen. Wir dürfen somit nicht nach der Prämisse handeln, wie viel Kohle, Erdöl und Erdgas noch vorhanden ist, sondern wie viel CO_2-Emissionen wir noch emittieren dürfen.

1. Plastikverpackungen soweit das Auge reicht

2. Erdöl, das flüssige Gold – Segen und Fluch zugleich

ERDÖL – ZWEI SEITEN EINER MEDAILLE

Die Erdölnutzung verhilft uns zu vielen Fortschritten, ist aber extrem klima- und umweltschädlich. Ohne die Nutzung wären

wir heute nicht da, wo wir sind – im Positiven wie im Negativen. Erdöl hat einen extrem hohen Energiegehalt, das macht es so attraktiv für die energetische Nutzung als Heizmaterial und zum Antrieb von Motoren. Mit diesen Motoren werden Produkte hergestellt und sehr viel transportiert, sowohl Menschen in Autos als auch Waren in LKW und Schiffstankern. Obwohl Erdöl ein natürliches Gemisch ist, trägt es erheblich zu Umweltschäden in Böden, Gewässern und der Luft bei.
CO_2 wird kontinuierlich über die natürliche Zersetzung organischer Stoffe und die Atmung von Lebewesen freigesetzt. Die Pflanzenwelt benötigt wiederum CO_2 für ihre Atmung und ihr Wachstum und setzt während der Fotosynthese, den für uns so wichtigen Sauerstoff frei. Durch die Verbrennung fossiler Ressourcen werden zusätzlich Unmengen an gebundenem CO_2 und Schwefelverbin-

2

„Viele kleine Leute, die an vielen kleinen Orten viele kleine Dinge tun, können das Gesicht der Welt verändern."

Afrikanisches Sprichwort

Eine regionale und saisonale Ernährung reduziert die Transportemissionen um ein Vielfaches.

„Eine saubere Umwelt ist ein Menschenrecht.“

Dalai Lama

dungen, in die Luft freigesetzt. Menschliche Aktivitäten emittieren mehr CO_2, als die Natur in der gleichen Zeit wieder aufnehmen kann, es herrscht somit ein Überschuss. Dadurch wird das globale Gleichgewicht gestört, CO_2 verstärkt den Treibhausgaseffekt und führt wiederum zu höheren Temperaturen. Obwohl CO_2 nur 0,04 % der Atmosphäre ausmacht, haben Schwankungen einen großen Effekt auf den Wärmehaushalt. Seit der aufstrebenden Industrialisierung vor 100 bis 150 Jahren ist der Gehalt in einer nie dagewesenen Geschwindigkeit von 280 ppm auf über 400 ppm gestiegen. In der Erdgeschichte gab es schon immer natürliche Schwankungen im CO_2-Gehalt, aber seit mehreren Millionen Jahren wurde dieser hohe Wert nicht mehr erreicht.

TRANSPORTEMISSIONEN – ÜBER KURZ ODER LANG

In einer globalisierten Welt und dem Einsatz fossiler Ressourcen für den Transport haben sich die Grenzen verschoben – Produkte, die früher unerreichbar oder extrem teuer waren, sind heute Alltag. Damit verschieben sich gleichzeitig aber auch die Grenzen unserer Verantwortung.
Die Regale in den Läden sind voll. Aber woher kommen all diese Dinge? Wie, von wem und unter welchen Bedingungen wurden sie hergestellt? Welchen ökologischen und sozialen Einfluss hat es, wenn man ein Produkt kauft? Das Paradebeispiel sind Erdbeeren zu Weihnachten aus Israel oder Spargel außer-

CO_2 IM ALLTAG

WAS SIND CO_2-ÄQUIVALENTE?

Es gibt unterschiedliche Treibhausgase, die sich unterschiedlich stark auf das Klima auswirken. Um die Wirkung einheitlich darstellen und vergleichen zu können, wird der Treibhauseffekt der verschiedenen Klimagase auf CO_2-Äquivalente umgerechnet. Wie schädlich und klimawirksam ein Treibhausgas im Vergleich zur schädlichen Wirkung von Kohlendioxid ist, kann so leichter dargestellt werden.

1 KILOMETER – WIE VIEL CO_2 VERBRAUCHE ICH?

Vergleich verschiedener Fortbewegungsarten:
- **Zu Fuß:** 50 bis 200 kcal (abhängig von Person und Geschwindigkeit)
- **Mit dem Rad:** 20 bis 30 kcal (abhängig von Person und Geschwindigkeit)
- **Mit dem Auto (alleine):** 196 g CO_2

Ein saisonaler Speiseplan vermeidet nicht nur viele CO_2-Emissionen, sondern bringt auch Abwechslung auf den Teller und verbindet dich mit den Jahreszeiten.

CO_2-AUSSTOSS IM VERGLEICH: IMPORTIERT ↔ REGIONAL-SAISONAL

Erdbeere
Import im Winter 3,4 kg CO_2-Äqui./kg ↔ heimische Erdbeeren 0,3 CO_2-Äqui./kg

Tomaten
Aus Gewächshaus (D) im Winter 2,9 kg CO_2-Äqui./kg ↔ Tomaten saisonal-regional 0,3 kg CO_2-Äqui./kg

(Quelle: ifeu)

PFLANZT MEHR BÄUME!

Ein einheimischer Baum kompensiert durchschnittlich 10 bis 20 kg CO_2 pro Jahr.

CO_2: WO KOMMT ES HER?

Treibhausgas	CO_2-Äquivalent	Hauptemissionsquellen
CO_2	1	Mobilität, Energiewirtschaft, Industrie
Methan	21	Tierhaltung, Reisanbau, Auftauen von Permafrostböden, Abfalldeponien
Lachgas	310	Intensive Stickstoffdüngung, Tierhaltung, chemische Industrie

(Quelle: ifeu)

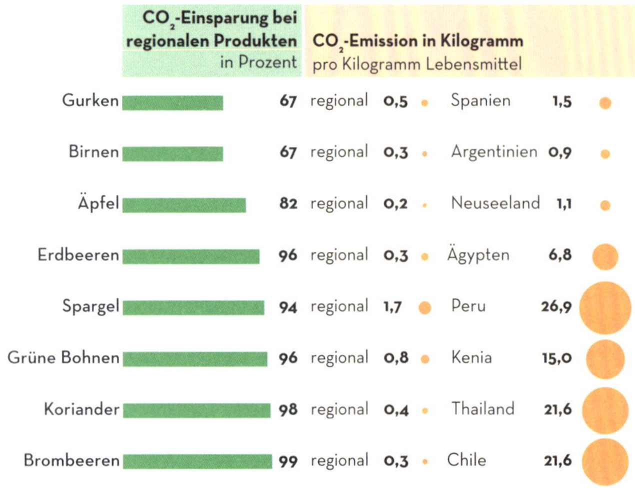

Brauchen wir wirklich Spargel aus Peru und Brombeeren aus Chile?
(Quelle: Nachhaltigkeitsstrategie, Saisonkalender)

halb der Saison aus Peru. Brauchen wir das wirklich oder ist es einfach blinder Luxus, den wir uns gönnen, weil wir es können? Auch bei verarbeiteten Produkten ist es erstaunlich, woher die Zutaten kommen und wo sie verarbeitet werden, bis sie auf dem Teller landen. Zusätzlich werden in Deutschland Unmengen an Lebensmitteln weggeworfen. Aber es ist nicht nur der Transport, der Erdöl verschlingt, auch die Pflanz-, Pflege- oder Erntemaschinen, die Verpackungen, das Anbaumaterial, die Gewächshausheizung und die Lagerung.
Ein mittelgroßer Containertanker verbraucht laut NABU etwa 300 Tonnen Schweröl pro Tag. Auch wenn die CO_2-Emissionen pro Kilometer nur etwa ein Drittel im Vergleich zum Flug-Transport betragen, stoßen Tanker zudem viel mehr Schadstoffe und Feinpartikel als Autos, LKW oder Flugzeuge aus. Die günstigen Schwerölpreise sorgen dafür, dass Transportwege ökonomisch nicht schwer zu Buche schlagen.
Ökologisch sind weite Transporte, egal mit welchem Transportmittel, ein Desaster. Saisonalität und Regionalität sind deshalb nicht nur ein Nice-to-have. Saisonales und sonnengereiftes Freilandobst und -gemüse haben neben geringeren Anbauemissionen überwiegend auch einen besseren Geschmack. Noch nachhaltiger ist es, zusätzlich auf Regionalität zu achten. Wobei der Begriff „regional" weder geschützt ist, noch eine gesetzliche Definition beinhaltet. Eine konkrete Angabe, aus welcher Region, ist dagegen schon aussagekräftiger. Neben kurzen Transportwegen ist die Unterstützung lokaler Produzenten ein weiteres Argument für mehr Nähe. Wer selbst Obst und Gemüse anbaut, hat kurze Wege, kennt den Saisonkalender sehr gut und weiß, was wann in unseren Breitengraden wächst. In der Überversorgung ist Luxus bei Obst und Gemüse also nicht alles zu jeder Zeit, sondern Gutes zur richtigen Zeit.

Miles & More auf dem Teller – saisonal und regional

Außerhalb der Saison bedeutet Transport- und Energiekosten. Regionale Produkte können bis zu 99 % der CO_2-Emissionen einsparen. Beispielsweise lässt sich Koriander sehr gut im eigenen Garten anbauen. Die Kombination bio, saisonal und regional benötigt am wenigsten fossile Energie.

Was hat gerade Saison?
Im Garten lernt man das ganz nebenbei

Kunststoffe – Universell

In den letzten Jahrzehnten haben Kunststoffe Einzug in alle Lebensbereiche gehalten. Lokal und global sind sie in jedem Haushalt, Unternehmen, Gewässer und Garten zu finden. Trotz der vielen Vorteile nehmen die Nachteile rasant zu.

Kunststoffe werden aus Erdöl oder Erdgas hergestellt und tragen somit einen Teil zum Treibhausgaseffekt bei. Besonders problematisch bei Kunststoffen sind die gesundheitlichen Risiken und der Eintrag in die Umwelt. Seit den 1950er-Jahren ist weltweit die jährliche Produktion von damals zwei Millionen auf heute knapp 370 Millionen Tonnen angestiegen. Dabei wurde über die Hälfte des jemals hergestellten Kunststoffs seit 2000 produziert. Leider sind nicht in derselben Geschwindigkeit Recyclingmöglichkeiten, eine funktionierende Kreislaufwirtschaft oder Alternativprodukte entwickelt worden. Auch wenn wir eine verlässliche Müllabfuhr haben, landet weltweit das meiste Plastik in der Natur. Und hier verwandelt sich ein großer Vorteil in einen enormen Nachteil – die lange Haltbarkeit. Plastik kompostiert nicht, auch wenn es scheinbar über die Jahre verschwindet. Kunststoffprodukte benötigen in der Regel mehrere Hundert Jahre, bis sie sich zersetzen und auch dann sind sie nicht verschwunden, sondern einfach viel kleiner – nämlich Mikroplastik (Plastikatlas, 2019). Das Makro- und Mikroplastik schwimmt in Flüssen, Seen und Ozeanen, sammelt sich in unglaublich riesigen Müllstrudeln in den Weltmeeren und wird immer häufiger auch im Boden gefunden.

Wir gehören weltweit zu den größten Müllproduzenten. Denn je höher der Wohlstand, desto mehr wird produziert, transportiert, importiert, konsumiert und weggeworfen. Und ganz klar leben wir in einem der wohlhabendsten Länder der Welt. Große Mengen unseres Abfalls werden zwar regelmäßig abgeholt, aber (noch) nicht umweltfreundlich recycelt und teilweise auch sehr umwelt- und sozialschädlich exportiert. Wir sollten uns nicht nur auf das Ende, der Entsorgung, eines Produktes konzentrieren, sondern vor allem auch auf den Anfang und die Herstellung. Denn jedes Plastikteil und jeder Müll, der nicht produziert wurde, muss am Ende nicht entsorgt, verbrannt oder aufwendig recycelt werden.

Plastik ist inzwischen nicht nur im Wasser zu finden, sondern auch immer mehr in der Erde.

Über den **Recycling-Code** lässt sich erkennen, um welchen Kunststoff es sich handelt.

KUNSTSTOFFARTEN UND BIOPLASTIK

Die vielfältigen Eigenschaften von Kunststoffen ermöglichen den Einsatz in den unterschiedlichsten Anwendungsgebieten. Je mehr verschiedene Plastikarten in einem Produkt kombiniert sind, desto schwieriger ist das Recycling. In der Regel funktioniert meist nur ein Down-Cycling, das bedeutet, das Folgeprodukt weist eine schlechtere Qualität als das Primär- oder Ausgangsprodukt auf.

Wenn Plastik nicht recycelt werden kann, weil es verschmutzt oder chemisch zu komplex ist, landet es in der Müllverbrennungsanlage. Der hohe Heizwert, aus dem fossilen Erdöl, kann ein Argument für die thermische Verwertung sein, befeuert aber natürlich den Klimawandel durch den CO_2-Ausstoß. Kunststoffe haben einfach zu vielfältige und auch gute Eigenschaften, sie werden wahrscheinlich nicht mehr wegzudenken sein, aber der Einsatz und die Verwendung muss in einer möglichst langen nachhaltigen, umweltfreundlichen und gesunden Wertschöpfungskaskade stattfinden.

Mikroplastik

Mikroplastik ist in aller Munde und nicht nur sprichwörtlich. Es entsteht über zwei Wege. Zum einen wird es als Primäres Mikroplastik für die weitere Nutzung oder Verarbeitung (z. B. Kosmetik) hergestellt und zum anderen entsteht es als Sekundäres Mikroplastik durch die Verkleinerung von größeren Plastikprodukten. Ist das Plastikteil kleiner als 5 mm, gilt es als Mikroplastik. Durch Abrieb und Fragmentierung gelangen die größten Mengen in die Umwelt und ins Wasser. Leider enthalten hierzulande aber auch noch Kosmetik- und Reinigungsmittel Mikroplastik, was direkt oder über die Kanalisation in Flüsse, Seen und Meere gelangt. Auch Kleidung aus synthetischen Stoffen verliert beim Waschen Tausende kleiner Mikroplastikfasern. Hierauf können wir als Verbraucher Einfluss nehmen.

Was ist Bioplastik?

Bioplastik ist kein geschützter Begriff, das bedeutet, man weiß größtenteils nicht, was man bekommt. Die Ausgangsmaterialien können, müssen aber nicht aus nachwach-

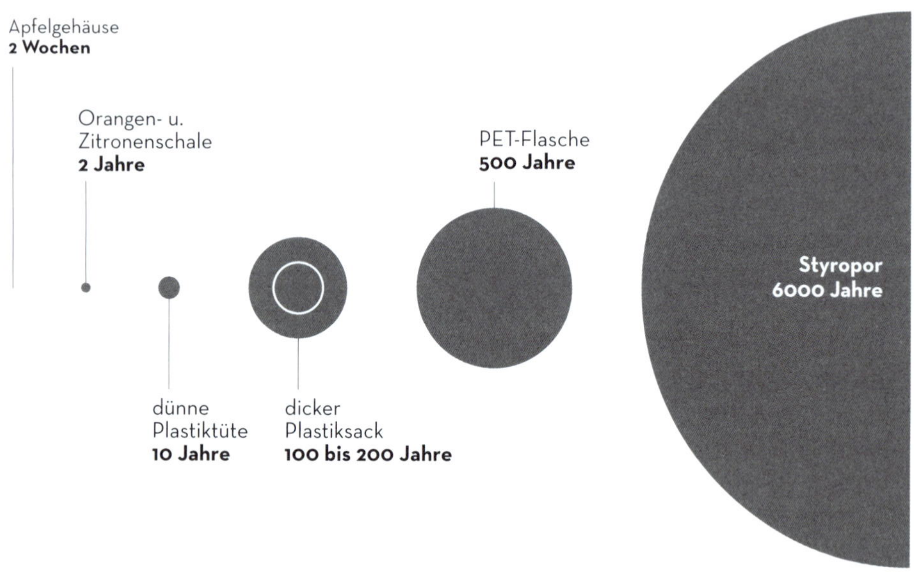

Ein Apfelgehäuse kompostiert in kürzester Zeit. Und Plastik? Plastik überdauert je nach Umgebung Jahrhunderte oder sogar Jahrtausende und wird zu Mikroplastik (Quelle: www.utopia.de / www.de.statista.com)

Polycarbonate sind im Garten vielfältig einsetzbar, beständig, transparent, leicht – und aus Erdöl.

Trotz des hohen Holzanteils muss WPC über die Restmülltonne entsorgt werden und wandert somit in die Müllverbrennung.

KUNSTSTOFFARTEN

	Produkte allgemein	Produkte im Garten
Polyethylen (PE) Global am häufigsten hergestelltes Plastik. Hartplastik	Getränkekisten, Schüsseln, Spielzeug, Eimer	Regentonnen, Gartenmöbel, Gartenschuppen, Kunststofftöpfe, Gewächshausfolien, Gitterfolie, Wasserrohre
Polypropylen (PP)	Lebensmittelverpackungen	Verpackungsfolien
Weich- und Hart-Polyvinylchlorid (PVC)	Abflussrohre, Bodenbeläge	Abflussrohre, Zäune, Gartenschläuche, Schwimmbecken
Polystyrol (PS)	Styropor	Styropor, Verpackungsfolien
Polyurethan (PU) Problem: nicht recycelfähig!	Montageschaum, Schwämme, Dämmmaterial, Matratzen, Schuhsohlen	Schwämme, Dämmmaterial
Polyethylenterephthalat (PET)	Getränkeflaschen, Verpackungen	Getränkeflaschen als Gewächshäuschen
Polycarbonat (PC)	Transparente Platten, CDs	Gewächshausplatten, Terrassenüberdachungen
Wood-Plastic-Composite (WPC) Mischung aus Holz (50 bis 90 %) und Plastik im Verbund	Autoinnenverkleidungen, Möbel	Terrassen- und Balkondielen, Möbel

DER PLASTIKFREIE GARTEN

TÖPFE UND ANZUCHTGEFÄSSE

Wer vorhandene Töpfchen, Aussaatschalen oder auch Pflanztrays aus Plastik pfleglich behandelt und immer wieder verwendet, spart Plastik. Wer neue Töpfe braucht, hat eine große, plastikfreie Auswahl:

- Re-Use, Second Hand
- Plastiktöpfe aus Recyclingmaterial
- Bioplastiktöpfe aus nachwachsenden und kompostierbaren Holz- oder Pflanzenfasern bestehen aus Rohstoffen: Herkunft, Material, Kompostierfähigkeit beachten!
- Papptöpfe, Tontöpfe

RANK- UND STÜTZHILFEN – AUS HOLZ ODER METALL

Pflanzstäbe und Rankhilfen aus unlackiertem Holz oder Ästen sehen schön aus, sind gut kompostierbar und einfach selbst herzustellen. Die Metallversion ist energieaufwendiger, hält dafür Jahrzehnte und lässt sich gut stofflich recyceln.

Bänder ohne Kunststoff: Alternativen zu Schnüren oder Klammern aus Plastik gibt es aus Hanf, Baumwolle oder Wolle. Metalldrähte, -haken oder -ringe sind ohne Kunststoffummantelung umweltfreundlicher.

PLASTIKFREIE WERKZEUGE

Gartengeräte aus Metall oder Holz und die Kombination sind sehr lange haltbar und gut zu recyceln. Ein Kehrblech aus Metall, ein Besen aus Holz mit natürlichen Fasern, Laubrechen mit Holzstiel und Metallkamm sind robust und sehen auch schöner aus.

ABDECKUNGEN – FÜR BEETE

Netze und Folien gibt es aus natürlichen Materialien wie Baumwolle, Kartoffel- oder Maisstärke oder Getreidemehl. Die Plastikalternativen bei Vlies bestehen aus Schafwolle oder Pflanzenfasern mit einem Anteil Hanffasern. Auch andere Mulchmaterialien wie unbedruckte Kartons oder Pflanzenmaterial finden sich im Haushalt oder Garten.

DÜNGER

Über den eigenen Kompost – gesammelt in einem Komposter aus unbehandelten und unlackierten Holzbrettern – und selbst hergestellte Dünge- oder Pflanzenstärkungsmittel lässt sich der Kauf von Plastiksäcken und -flaschen vermeiden.

senden Rohstoffen bestehen, es kann auch Erdöl enthalten sein. Das Bioplastik kann, muss aber nicht kompostierbar sein. Wenn nachwachsende Rohstoffe verwendet werden, ist dies oftmals importierte Mais- oder Kartoffelstärke, Zuckerrohr aus Monokulturen oder Zellulose aus der Forstwirtschaft. Der Anbau steht somit in Konkurrenz mit anderen landwirtschaftlichen Produkten oder führt zur weiteren Zerstörung von Ökosystemen. Monokulturen bergen zudem die Gefahr von Bodenverarmung, einem hohen Dünge- und Pflanzenschutzmitteleinsatz und dem Verlust von Biodiversität. Bioplastik für Einwegprodukte, wie Tüten oder Besteck, ist keine Lösung. Auch Bioplastiktüten für den Biomüll sind keine nachhaltige Alternative. Denn die Zersetzung dauert länger, als die Tüte in der Kompostieranlage verweilt, zum Schluss befinden sich immer noch Plastikstückchen im Endprodukt. Um das zu vermeiden, werden alle Kunststoffe, ob bio oder nicht, vorher aussortiert und landen dann wieder in der Müllverbrennungsanlage.

Kunststoff im Garten – vermeidbar oder nicht vermeidbar?

KUNSTSTOFF VERMEIDEN IM GARTEN

Um der Plastikflut Herr zu werden, steht Vermeidung vor Recyceln. Im Garten funktioniert dies meistens sehr gut. Wer eigenes Obst und Gemüse anbaut, ist schon einen Schritt voraus, denn aufwendige Verpackungen sind unnötig. Dennoch lässt sich auch im eigenen Garten noch einiges an Plastik reduzieren:

– Von sortenfestem Gemüse kann Saatgut gesammelt oder getauscht werden, das spart im nächsten Jahr Geld und zusätzlich Samentütchen aus Kunststoff.

– Für die Anzucht eignen sich statt Plastikschalen auch Eierkartons und gefaltete Papiertöpfchen aus Zeitungspapier (Papiertopfpresse), die auch gleich mit ausgepflanzt werden können (siehe S. 54). Der einzige Nachteil: Die Erde trocknet schneller aus und die Feuchtigkeit muss öfter überprüft werden. Das ist bei Plastik nicht der Fall.

– Pikier- und Pflanzstäbchen werden häufig aus Plastik angeboten, aber es gibt auch schöne Exemplare aus Holz. Mit einem Schnitzmesser können Pikierstäbchen einfach aus einem dünnen Ast selbst hergestellt werden. Gut geeignet sind auch Stiele ausgedienter Bambuszahnbürsten.

– Als Etiketten eignen sich Holzspatel, kleine Steine, Tonscherben oder beschreibbare Kunststoffstäbchen, die über Jahre wiederverwendet werden können.

– Gießen ist nur teilweise plastikfrei möglich. Gießkannen aus Edelstahl gibt es, aber ein Schlauch aus Metall wäre sicherlich etwas unhandlich. Deshalb ist bei diesen Gießhelfern Langlebigkeit wichtig, Kunststoffgießkannen und Schläuchen nicht in der prallen Sonne stehen und liegen lassen und im Winter am besten im Keller oder Schuppen lagern.

MÜLLSAMMELAKTIONEN UND PLOGGING

Gegen die Vermüllung der Landschaft, Parks und Gewässer werden immer mehr Müllsammel- und Rama-Dama-Aktionen veranstaltet. Auch Plogging, Müll sammeln beim Joggen, Wandern oder Spazieren, ursprünglich aus Schweden bekannt, verbindet Fitness mit Umweltschutz. Um mit Gutgemeintem nichts Schlechtes zu verursachen, müssen bei der Terminwahl die Vogelbrut- und Wurfzeiten von Tieren beachtet werden. Vögel und kleine Tiere bauen ihre Nester oft in Hecken oder Uferbereiche. Damit sie in Ruhe brüten und Jungtiere aufziehen können, darf dort zwischen März und September bzw. Oktober nicht gesammelt werden. Müll sammeln am Wegrand oder auf offenen Flächen geht hingegen das ganze Jahr. Wer nicht sicher ist, kann sich an die örtlichen Naturschutzbehörden wenden, dort gibt es lokale Informationen zu Schutzzeiten und geeigneten Sammelplätzen.

PET-UPCYCLING: ANZUCHTHILFE FÜR SÄMLINGE

Auto-
matisch
ohne
Strom

1. Wohin mit den letzten Plastikflaschen? Zum Recycling oder Upcycling! Frisch gekeimte Sämlinge oder Jungpflanzen dürfen nicht austrocknen. Wer nicht immer ans Gießen denkt – kann auch „automatisch" wässern. PET-Flaschen in zwei Teile schneiden und ein Loch in den Deckel bohren.

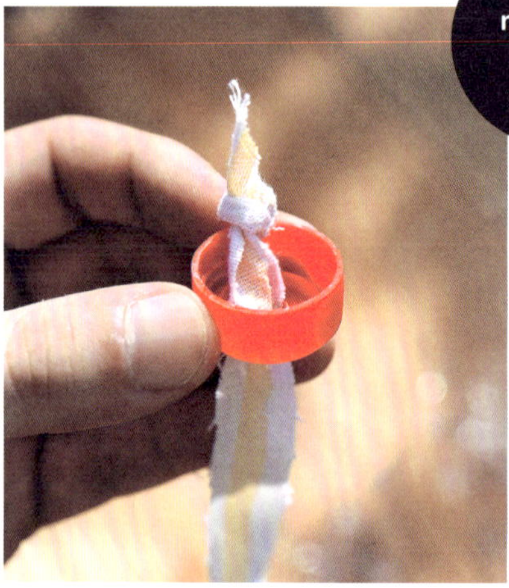

2. Für die „automatische" Bewässerung einen Streifen alten saugfähigen Stoff durch das Loch fädeln. Damit der Stoffstreifen nicht wieder durch die Öffnung rutscht, am Ende mit einem Knoten fixieren. Den Deckel wieder fest auf die Flasche schrauben.

3. Das untere Flaschenteil mit Wasser, das obere mit Erde füllen. Der Stoffstreifen saugt kontinuierlich Wasser an und befeuchtet somit das Substrat. Der Vorteil: Du siehst, wann das Wasser ausgeht und kannst rechtzeitig nachfüllen.

4. Nach kurzer Zeit keimen die Sämlinge. Vor dem Wiederverwenden solltest du die Flaschen gründlich von Substratresten säubern, damit mögliche Krankheiten oder Schädlinge nicht übertragen werden. Wenn die Anzuchthilfen nach ein paar Jahren kaputt sind, solltest du sie über den Gelben Sack entsorgen.

KUNSTSTOFF: UPCYCLING UND ALTERNATIVEN

1. Plastiktöpfe halten nicht ewig – entweder sie kommen in den Gelben Sack bzw. zum Wertstoffhof oder sie können als wetterbeständige und wiederverwendbare Etiketten genutzt werden. Einfach den Boden und die Oberkante vom Topf abschneiden und den Rest in 2 cm breite Streifen schneiden.

2. Die Streifen an einem Ende spitz zuschneiden. Mit wasserfestem Folienstift oder Marker beschriften. Je nach Kunststoff und Stift lässt sich die Schrift mit einem Radiergummi wieder entfernen. Wichtig! Die Etiketten nicht im Topf und Beet vergessen oder auf den Kompost werfen.

1. Kein Platz für ein Kartoffelbeet? Säcke sind die Lösung. Wer einen alten Substratsack hat, kann diesen ressourcenschonend verwenden. Wichtig: Entwässerungslöcher in den Boden stechen, Erde nur zur Hälfte einfüllen und vorgekeimte Kartoffeln hineinstecken. Später wird nach und nach Erde angehäufelt.

2. Aus Papier lassen sich einfach kleine Anzuchttöpfchen falten. Ein Blatt Zeitungspapier zu einem etwa 10 cm breiten und 30 cm langen Streifen falten. Den Streifen um eine schmale Flasche oder einen dicken Stock wickeln und den Boden einfalten. Die Töpfchen dicht an dicht in eine Kiste stellen und vorsichtig mit Erde füllen.

METALLE – LEICHT UND SCHWER

TSUGA
MERTENSIANA
COTONEASTER
SIMONSII
H.T.
FANTASIA
VIVID
ERICA
ERIGERON

METALL IM GARTEN

Die Gewinnung und Verarbeitung von Metall ist sehr ressourceninten-
siv, dafür ist Metall sehr lange haltbar und kann gut recycelt werden.

Hart und langlebig

Hartes Zeug

Der Mensch nutzt seit mehreren Tausend Jahren Metalle. Seit wann genau, ist bis heute nicht sicher. Sicher hingegen ist, dass die Metallnutzung die Lebensweise des Menschen stark verändert und beeinflusst hat.

Die Metallverwendung hat bei unseren Vorfahren vor allem die Landwirtschaft, Jagd- und Kriegsmöglichkeiten revolutioniert. Heute finden sich in jeder Haushalts- und Gartenecke Metallgegenstände.

LEICHT- UND SCHWERMETALLE

Die meisten chemischen Elemente des Planeten Erde fallen in die Kategorie der Metalle. Abhängig von ihrer Dichte (Masse geteilt durch das Volumen) werden sie als Schwer- oder Leichtmetalle bezeichnet. Obwohl Metalle natürlich in der Umwelt vorkommen, sind sie in einigen Bereichen und Situationen giftig. Durch die industrielle Anreicherung entstehen lokal hohe Konzentrationen, die für den Menschen und die Tiere gesundheitsschädigend und für die Pflanzen toxisch sind.

Leichtmetalle besitzen eine Dichte unter 5 g/cm^3, zum Beispiel Magnesium, Aluminium und Lithium. Schwermetalle weisen eine Dichte über 5 g/cm^3 auf, zum Beispiel Blei, Cadmium, Chrom, Eisen, Gold, Kobalt, Nickel, Platin, Plutonium, Quecksilber, Silber, Uran, Zink und Zinn.

Metall im Garten

Aufgrund der Langlebigkeit und Formbarkeit wird Metall im Garten gern als Möbel, Sichtschutz, in Gartengeräten, aber auch für kleine Dinge wie Rankstäbe, Drähte, Schrauben oder Klammern verwendet. Zum einen ist Metall eine langlebige und stabile Alternative zu Kunststoff, zum anderen erfordern die Gewinnung, Verarbeitung und das Recycling viele Ressourcen und einen hohen Energieaufwand. Weltweit besonders gefragt ist Eisen und mit 90 %, das am häufigsten hergestellte und genutzte Metall, gefolgt von Aluminium, Kupfer und Lithium. Im Garten ist zudem immer häufiger Cortenstahl, beispielsweise für Hochbeete, Sichtschutzwände und Dekoelemente, zu

Erbstücke

Gartenwerkzeuge aus Metall mit Holzgriffen sind im Vergleich zu Plastikprodukten reparierfähig und so langlebig, dass sie vererbt werden können.

1

2

3

1. Blickfang: Alte Metallgitter können im Garten gut als beständige und langlebige Rankhilfen genutzt werden.

2. Kupferbänder gegen Schnecken lassen sich unkompliziert an Hochbeeten befestigen.

3. Inzwischen gibt es im Handel auch fertige Kupferringe als Schutz vor Schnecken.

finden. Die Eisen- und Stahlherstellung erfordert Unmengen an Energie, aber Eisen kann immer wieder und ohne Qualitätsverluste recycelt werden. Deshalb ist es wichtig, Metalle sparsam und sinnvoll einzusetzen und Unbenutztes schnell dem Recyclingkreislauf zurückzuführen.

Kupfer und Eisen gegen Schnecken

Nach dem Regen können Nacktschnecken eine richtige Gartenplage sein. Häufig werden zur Gemüseverteidigung im Handel Kupferbänder angeboten. Kupfer ist in geringen Dosen giftig für Weichtiere (Mollusken). Der leicht saure pH-Wert des Schneckenschleims soll theoretisch die Kupfer-Ionen aus dem Band lösen. In der Praxis ist der Schleim oft nicht sauer oder das Kupferband nicht breit genug, denn das Kupferband sollte mindestens 5 cm breit sein.
Auch Eisen gilt als Mittel gegen Nacktschnecken, aber nicht als Band, sondern als Schneckenkorn. Der Wirkstoff Eisen-III-Phosphat irritiert den Wasserhaushalt der Schnecken und trocknet sie aus. Eisen-III-Phosphat zerfällt nach einiger Zeit in pflanzenverfügbares Eisen und Phosphat.
Es gibt im Handel auch Schneckenkorn mit dem Wirkstoff Metaldehyd. Dieses führt ebenfalls zur Austrocknung, ist aber schädlich für Vögel und Kleinsäuger. Jedes Schneckenkorn kann auch von anderen Tieren aufgenommen werden und führt zu Vergiftungen oder Tod.

Schnecke ist nicht gleich Schnecke

Weinbergschnecken und andere Gehäuseschnecken ernähren sich in der Regel von abgestorbenem Pflanzenmaterial und sogar Nacktschneckeneiern. Weinbergschnecken sind damit Nützlinge im Garten und stehen unter Schutz.

Richtig recyceln

Elektroschrott ist eine Goldgrube. Schubläden, Garagen, Geräteschuppen und Kellerräume sind nicht der richtige Lagerplatz für ausgediente Geräte. Je schneller nicht-reparierfähige Gartengeräte wieder in den Kreislauf zurückgeführt werden, desto weniger Rohstoffe müssen zusätzlich abgebaut werden.

Die vielen wertvollen Rohstoffe in Elektrogeräten und Metallwerkzeugen wurden und werden aufwendig aus der Erdkruste abgebaut. Die Metallgewinnung ist mit ausgedehnten Umwelt- und Landschaftszerstörungen verbunden, verletzt Menschenrechte und führt zu den größten und tiefsten menschengemachten Löchern der Welt. Im amerikanischen Bundesstaat Utah liegt die Bingham Canyon Mine. Der Hunger nach Kupfer, Gold, Silber und Molybdän hat einen Krater von 4 km Breite und 1,2 km Tiefe entstehen lassen. In der chilenischen Atacamawüste wurden und werden Unmengen an Kupfer gefördert. In Westpapua liegt die gold- und kupferreiche Grasberg Mine, die täglich enorme Mengen an umweltschädlichen Rückständen in die angrenzenden Flüsse pumpt und den Lebensraum von Menschen und Tieren zerstört. Deshalb ist es wichtig, schon vorhandenes Metall möglichst effizient zu nutzen und zu recyclen, um den weiteren Abbau zu reduzieren.

Dies funktioniert nach vier Prinzipien:

1. Weniger ist mehr: Brauchst du das elektrische Gartengerät wirklich? Muss ein kaputtes Gerät durch ein neues ersetzt werden oder gibt es Alternativen.

2. Qualität statt Quantität: Hochwertige Geräte kaufen, leihen, teilen oder Second Hand kaufen.

3. Langlebigkeit: Möglichst lange Nutzung und bei Bedarf reparieren.

4. Wiederverwendung: Nicht genutzte Geräte verkaufen, verschenken, teilen. Kaputte Geräte richtig entsorgen und dem Nutzkreislauf wieder zur Verfügung stellen.

Metallrecycling statt Neuabbau – Wertstoffhöfe sind wahre Kupfer- und Silbergruben. (Quelle: Mission EineWelt, Handyaktion Bayern)

Gebirgs-Hellerkraut ist in der Lage, Zink aus dem Boden aufzunehmen.

PFLANZEN UND METALLE

Nicht nur als Gartengeräte kommen Metalle im Garten vor, sondern auch als Pflanzennährstoffe. Pflanzen können, wie der Mensch, beispielsweise an Eisenmangel leiden. Menschen, Tiere und Pflanzen benötigen Metalle, um sich gesund und gut zu entwickeln. Wichtige Metalle für die Pflanzenernährung sind die Hauptnährstoffe Kalium, Calcium und Magnesium sowie die Mikronährstoffe Natrium, Eisen, Mangan, Zink, Kupfer, Molybdän und Kobalt (siehe S. 66/67)

Schwermetalle im Boden

Besonders Blei und Cadmium sind pflanzentoxische Elemente. Bleileitungen verursachten hohe Bleiwerte im Leitungswasser, sind heute aber verboten. Hohe Cadmiumwerte können stellenweise in Gärten und Beeten nahe viel befahrener Straßen auftreten, denn Reifenabrieb beinhaltet viel Cadmium. Cadmium kommt zudem in vielen Phosphatabbaustätten vor. Bei mit Schwermetall kontaminierten Gartenböden hilft nur das Abtragen und fachgerechte Entsorgen der obersten Schicht (etwa 20 bis 50 cm). Danach gibt man neuen Humus darauf. Für den Gemüseanbau sind in kontaminierten Gärten Hochbeete zu empfehlen.

Schwermetallpflanzen

Sogenannte Metallophyten sind resistent gegenüber hohen Schwermetallgehalten und wachsen dort, wo andere Pflanzenarten nicht mehr existieren können. Sie akkumulieren Schwermetalle und gelten als Zeigerpflanzen. Durch die Ernte können kontaminierte Standorte regeneriert werden (Phytosanierung). Die Pflanzen selbst sind dann aber meist Sondermüll oder können in einigen wenigen Fällen als Metallquelle verwendet werden. Das Gebirgs-Hellerkraut *(Noccaea caerulescens)* nimmt beispielsweise große Zinkmengen und die Hallersche Schaumkresse *(Arabidopsis halleri)* Blei, Cadmium, Nickel und Zink auf.

WOHIN MIT DEM ALTMETALL AUS DEM GARTEN?

- Edelstahl und Eisen, z. B. Schrauben, Scharniere, Bleche, Werkzeuge wie Sägen, Schraubenzieher → Wertstofftonne
- Gartenaltgeräte, ob groß (Rasenmäher, Heckenscheren, Teichpumpen) oder klein (Gartenscheren) → Wertstoffhof
- Akkubetriebene Geräte → Wertstoffhof oder Fachhandel
- Solarpanels und Solarlampen → Schadstoffsammelstellen, Wertstoffhöfe und einige Hersteller
- Kronkorken bestehen aus Blech und einer PE-Dichtungseinlage → Dosen-/Alutonne oder Gelber Sack
- Aluminiumkleinteile, -folien, und -decke → Gelber Sack, Gelbe Tonne oder Wertstofftonne. Der Aluminiumabbau mit Bauxit ist extrem umweltschädlich, eine Rückgewinnung aus dem Abfall ist ökologischer.
- Größere Aluminiumteile wie Möbel oder Rankstäbe → Wertstoffhof

DAS ZWEITE LEBEN EINER DOSE

Metall-
Upcycling

1. Ein Zuhause für Insekten lässt sich einfach aus einer alten Dose bauen: Vorsichtig zwei Löcher in die Seite stechen und eine Kordel einfädeln, Ästchen mit Bohrlöchern einfüllen und an einem sonnigen und windgeschützten Standort aufhängen.

2. Kein Platz für eine Kräuterspirale? Dosenkräutertöpfe sind wahre Platzsparer. Löcher in den Boden bohren, damit überschüssiges Wasser ablaufen kann. Am besten nicht in die pralle Sonne hängen, da sich die Dosen sonst stark aufheizen.

3. Licht aus der Dose ohne Strom? Ganz einfach mit Nagel und Hammer. Wasser in die Dose füllen und im Gefrierschrank einfrieren. So ist die Dose stabil und verbeult beim Bearbeiten nicht. Ein Punktmuster vorzeichnen und mit Hammer und Nagel kleine Löcher einhämmern.

HOLZ & PAPIER – RESSOURCE BAUM

SAUERSTOFF UND KOHLENSTOFF

Bäume sind die Lunge der Erde, sie produzieren Sauerstoff und speichern im weltweiten Durchschnitt 235 Tonnen Kohlenstoff pro Hektar.

Grüne Lungen – Gefährdung und Schutz

Das Ökosystem Wald ist die grüne Lunge unserer Erde. Die planetaren Wälder leiden massiv durch Abholzung, Umweltgifte und Temperaturänderungen. Es gibt nur noch wenige Ur- oder Regenwälder und die Reste sind sekündlich von der Abholzung bedroht.

Bäume und Wälder sind enorme Sauerstoffproduzenten. Und wir Menschen benötigen Sauerstoff. Aber nicht nur wir, auch alle anderen Lebewesen. Bäume und Wälder liefern Nahrungsmittel und Holz, als Rohstoff zum Heizen und für die Bau- und Papierindustrie. Sie sind Lebensraum und Erholungsraum. Deutschland war ursprünglich mit einem Buchen- und Eichenwald bedeckt. In unterschiedlichen Regionen wurden die mittelalterlichen Wälder teilweise komplett für den Schiffs- und Bergbau, die Verkohlung oder für Kriegsmaterialien abgeholzt. Seit Jahren nimmt der Waldbestand in Deutschland zu, das bedeutet nicht, dass wir weniger Holz verbrauchen, es ist vielmehr so, dass wir Holz importieren und damit andere Wälder zerstören.
Was hat mein Garten mit Wald zu tun? Je mehr unser Gemüse und Obst aus dem eigenen Garten stammt und je weniger Fleisch und tierische Produkte wir essen, desto weniger Regenwald wird für Rinderhaltung und den Sojaanbau zur Futtermittelerzeugung abgeholzt. Der großflächige Sojaanbau in Monokulturen besetzt global inzwischen die dreifache Fläche Deutschlands, zerstört immense Flächen an Ökosystemen, belastet die lokale Biodiversität, Wasser- und Luftqualität und bedroht Lebensräume. Auch die Abholzungen von Tropenhölzern für Gartenmöbel oder Terrassendielen schlagen tiefe Schneisen in den Regenwald.
Eine weitere Gefahr für die Wälder ist der Klimawandel. Durch die Kombination von Temperaturänderungen, gehäuften Trockenperioden und Forst-Monokulturen steigt der Krankheits- und Schädlingsdruck in unseren Wäldern. Die Zunahme schwerer Stürme und forstliche Monokulturen steigern das Ausmaß immenser Sturmschäden und die Waldbrandgefahr.

Alle zwei Sekunden wird eine Waldfläche in der Größe eines Fußballfeldes abgeholzt, das sind weltweit pro Minute 30 Fußballfelder.

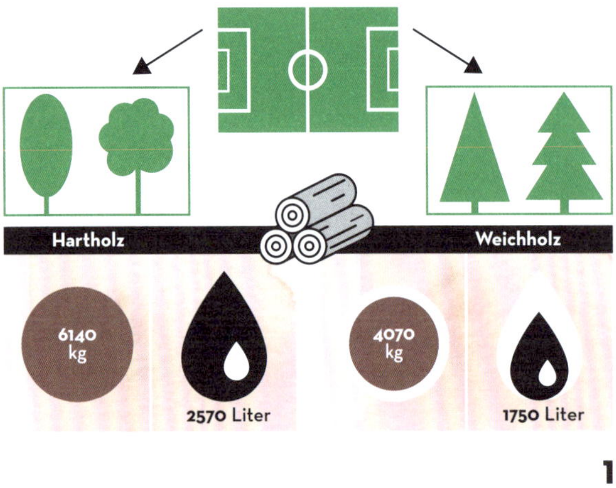

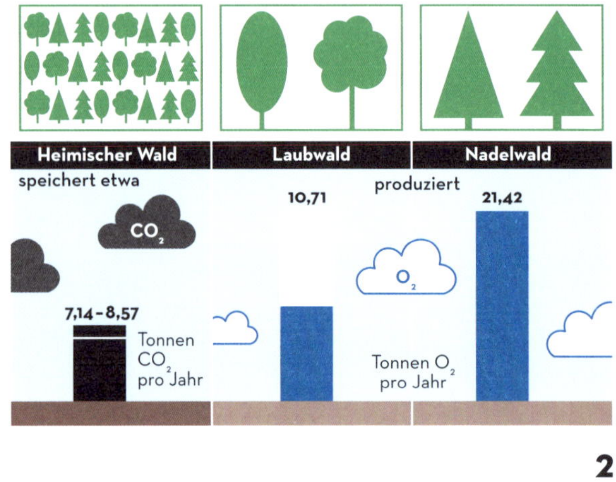

1. Holz ist ein nachwachsender Rohstoff, wenn nicht mehr entnommen wird, als nachwächst. Ein Fußballfeld Laubholzwald hat einen jährlichen Holzzuwachs von über 6000 kg und könnte über 2500 Liter Heizöl ersetzen.

2. Jedes Jahr speichern unsere heimischen Wälder bis zu 8,57 Tonnen Kohlenstoffdioxid und produzieren etwa 10 bis 20 Tonnen Sauerstoff.

BÄUME MACHEN REGEN

Durch die Abholzung von Bäumen und Wäldern verändern sich die Transpirationsrate, die Bodenbedeckung und die Luftzusammensetzung. Bei einem Weiter-so, der Abholzungsrate und zusätzlichen Waldbränden können sich ehemalige Regenwälder in trockene Savannen und Wüsten verwandeln. Welch hohen ökologischen Stellenwert Bäume darstellen, zeigen Projekte zur Wüstenbegrünung, denn als erster Schritt werden Bäume als Basis für eine Folgevegetation gepflanzt.
Die Begrünung der Städte kann auch als Betonwüstenbegrünung verstanden werden. Sie gilt als kommunales Mittel gegen den Klimawandel. Städte und Industriegebiete ziehen Bodenversiegelung mit sich und verdrängen Ökosysteme und vor allem Bäume. Dabei sind Bäume gerade in Städten so wichtig, sie filtern Schadstoffe aus der Luft und regulieren die Temperatur und Luftfeuchte in Straßenschluchten.
Wälder sind maßgeblich für Regen verantwortlich. Regen entsteht nicht nur durch die Wassertranspiration von Bäumen und Grünflächen, damit es wirklich auch regnet, kommt nützlichen Pilzsporen eine wichtige Funktion bei. Bäume und Ökosysteme setzen Pilzsporen frei, die sich in der Luft vor Regenfällen stark vermehren und somit neben anderen Aerosolen zu Regen führen. Bäume in der Stadt und im Garten sind deshalb nicht nur schön anzusehen und spenden Schatten, sondern sie wirken maßgeblich gegen lange Trockenzeiten. Der eigene Garten und grüne Balkon, die Begrünung von Fassaden, Garagendächern und Müllhäuschen sind viele kleine Schritte und leisten in der Summe einen wertvollen Beitrag.

HOLZ – EIN NACHWACHSENDER ROHSTOFF

Unser Energiebedarf steigt immer weiter an, das führt zu immer mehr CO_2-Emissionen und der drängenden Frage: Wie können wir unseren Energiebedarf nachhaltig decken? Ein großes Thema sind nachwachsende Rohstoffe, aber auch ihnen sind Grenzen gesetzt. Denn unendliches Wachstum gibt es nicht. Fast ein Drittel der Fläche in Deutschland ist mit Wald bedeckt. Auch global sind (noch) etwas über 30 % der Landfläche bewaldet. In Deutschland nimmt die Waldfläche leicht zu, weltweit reduzieren sich die Flächen, denn seit Jahrzehnten beschleunigt sich der Trend zu Abholzung und großflächigen Waldbränden. Im ersten Moment erscheint die Holznutzung als nachhaltig, aber auch hier gilt: Woher stammt das Holz, wie viel Holz verbrauchen wir und wie lange dauert das Baumwachsum? Illegale Waldrodungen sind weltweit immer noch an der Tagesordnung. Gartenmöbel oder Terrassendielen aus regionalen und zertifizierten Holzquellen sind deshalb für den Waldschutz unabdingbar. Auch der pflegliche Umgang ist wichtig, d. h., die Holzmöbel sollten im Winter trocken und geschützt gelagert werden.

WERTSTOFF HOLZ

BAUMREKORDE – WELTWEIT

- **Der höchste Baum,** ein Küsten-Mammutbaum *(Sequoiadendron)*, hat eine Höhe von 115,5 m. Er steht in Hyperion, Kalifornien im Redwood Nationalpark.
- **Der mächtigste Baum,** „General Sherman Tree" *(Sequoiadendron giganteum)*, hat etwa 1500 m³ Volumen, ist 84 m hoch, mit einem Umfang von 31 m. Er ist 2500 Jahre alt.
- **Der dickste Baum** hat 58 m Stammumfang. Die Mexikanische Sumpfzypresse *(Taxodium macronatum)* „El Gigante" steht in Oaxaca, Mexiko.
- **Der älteste Baum** ist eine Fichte *(Picea abies)* mit dem Namen „Old Tjikko". Sie ist etwa 9550 Jahre altk und steht in Schweden.

WIE ALT IST EIN BAUM? JAHRESRINGE

In Breitengraden mit Sommer und Winter besitzen Bäume eindeutige Jahresringe, an denen die kalte, wenig aktive und die warme, aktive Wachstumszeit abgelesen werden kann. In den Tropen hingegen gibt es keinen Sommer und Winter, dafür Trocken- und Feuchtphasen. Tropenholz hat selten erkennbare Jahresringe.

„Die Bäume, die Sträucher, die Pflanzen sind der Schmuck und das Gewand der Erde."

Jean-Jacques Rousseau, französischer Naturforscher und Philosoph

HOLZ – WAS IST WAS?

- **Nadelholz:** häufig leichter und witterungsbeständiger
- **Laubholz:** oft schwerer und härter
- **Hartholz:** entsteht meist durch langsames Wachstum (Ausnahme: manche Tropenhölzer)
- **Weichholz:** entsteht in der Regel durch schnelles Wachstum

BAUM ODER STRAUCH?

Beides sind Gehölze, wobei ein Baum einen dominanten Hauptstamm und ein Strauch an der bodennahen Basis mehrere gleichrangige Stämme entwickelt.

WORAUS BESTEHT HOLZ?

- **Zellulose:** etwa 45 %
- **Hemizellulose:** etwa 20 %
- **Lignin:** etwa 30 %
- **Extraktstoffe:** in geringen Mengen
- **Mineralien:** in geringen Mengen

Gartenbäume

Im Garten leisten Bäume vielfältige Funktionen: Sie sind Regen- und Sonnenschirm, Wind- und Sichtschutz, Obst- und Mulchlieferanten, Mini-Ökosysteme und Nistmöglichkeit, Temperatur- und Luftfeuchteregulatoren, Bodenschützer und Wasserhalter und sie sehen schön aus.

1

PARADIES - WER LEBT IM TOTHOLZHAUFEN?

- Mikroorganismen und holzzersetzende Pilze
- Insekten: Wildbienen, Holzwespen, Asseln, Hirschkäfer, Marienkäfer, Hummeln
- Reptilien und Amphibien: Molche, Eidechsen, Erdkröten, Frösche, Blindschleiche, Kreuzotter
- Säugetiere: Mäuse, Igel, Eichhörnchen

Es gibt vielfältige Argumente für Bäume im Garten, aber Bäume machen natürlich auch Arbeit. Sie müssen geschnitten und manchmal gefällt werden und das Laub muss gerecht werden.

WELCHER BAUM SOLL'S SEIN?

Das ist die große Frage, die Antwort setzt sich zusammen aus: Wie groß ist mein Garten, welche Funktion soll der Baum übernehmen und was ist in Klein- und Privatgärten gesetzlich erlaubt (siehe hintere Buchklappe). In Kleingärten gilt häufig ein Verbot für Nadelgehölze und für Privatgärten eine gegenseitige Rücksichtnahme, was Höhe und Schattenwurf betrifft. Inzwischen gibt es sogar kommunale Förderprogramme und Unterstützung zur Pflanzung heimischer Baumarten und -sorten (siehe auch S. 90). Bei der Baumpflanzung ist der Abstand zu den Nachbarn einzuhalten, der orientiert sich wiederum an der Größe des Baumes. Je größer, desto weiter weg vom Zaun. Gewöhnlich gilt die Regel: unter 2 m endgültiger Baumhöhe 0,5 m Abstand, über 2 m mindestens 2 m Abstand zur Grundstücksgrenze. Außerdem dürfen Äste, die aus dem Nachbargrundstück ragen, nach vorheriger Ankündigung abgeschnitten werden. Auch der Apfel, der im Nachbargarten landet, gehört dann den Nachbarn.

Warum sind Nadelgehölze im Kleingarten oft verboten?

Die meisten Nadelbäume sind keine heimischen Arten – außer Wacholder und Eibe. Sie werden in der Regel sehr hoch und liefern keine Blüten und Früchte für Insekten, Vögel und Kleinsäuger. Zudem sorgen sie für eine Versauerung des Bodens und manche von ihnen sind Überträger für Pilzkrankheiten, zum Beispiel Wacholder als Wirt für Birnengitterrost, Kiefern als Wirt für Johannisbeersäulenrost.

BÄUME PFLEGEN UND FÄLLEN

Schnittmaßnahmen werden am besten im zeitigen Frühjahr oder späten Herbst durchgeführt, dann befinden sich Bäume und Baumbewohner in der Ruhephase. In Ausnahmefällen kann es notwendig sein, einen Baum zu fällen. Das Fällen ist aus Natur- und Tierschutzgründen gesetzlich nur von Oktober bis Februar erlaubt, wenn damit keine dauerhaften Lebensstätten von Tieren zerstört werden (BNatSchG, §39). Dennoch muss die kommunale Baumsatzung berücksichtigt werden, eventuell ist eine Genehmigung oder Ersatzpflanzung nötig.

Verwendung und Verrottung

Äste, die beim Schneiden anfallen, können gut als Rankhilfen verwendet werden, dickere Äste und Stämme eignen sich für eine kleine ökologische Nische – den naturbelassenen Holzstapel. Schnittgut in unterschiedlichen Stärken dient als unterste Lage in Hochbeeten. Besonders dicke Stämme sind gute Sitzgelegenheiten – so spart man sich den Plastikhocker. Dünne, klein geschnittene Zweige können kompostiert werden. Je nach Durchmesser und Feuchtigkeit der Umgebung benötigt Holz einige Monate bis zu mehreren Jahrzehnten zur Verrottung. Je kleiner die Holzstücke und je größer die Schnittflächen, desto schneller verrotten sie. Fällt zu viel Biomaterial an, können Kleingeschnittenes über die Biotonne und große Teile über den Wertstoffhof dem Kreislauf wieder beigeführt werden. Und wer wiederum Holzhäcksel und Kompost benötigt, kann sich beim kommunalen Verwerter wieder verpackungsfrei eindecken.
Laub muss nicht immer fein säuberlich gerecht werden. Verbleibt Laub auf Baumscheiben oder in Beeten, dient es als Dünger oder Mulchmaterial und bildet zusätzlich einen geschützten Lebensraum für Bodenmikroorganismen, Insekten und Kleinsttiere.

2

1. Der Halbschatten unter Bäumen bietet vielen Pflanzen den optimalen Standort und uns einen angenehmen Sitzplatz.
2. Die Reste von herbstlichem Baum- und Strauchschnitt lassen sich in ökologische Raumtrenner und Nischen verwandeln.

Holz im Garten

Holz ist die nachhaltige Alternative für Kunststoff im eigenen Garten. Und nachdem der Garten oft das erweitere Wohnzimmer ist, gibt es praktischerweise auch viele Überschneidungen zum Haushalt.

Um eine zukunftsorientierte Forstwirtschaft zu unterstützen, sollten Holzutensilien aus nachhaltigen und zertifizierten Quellen (FSC) gekauft werden. Und um lange Transportwege zu vermeiden, am besten aus der Region. Geht doch mal etwas kaputt, kann es prima im Garten recycelt oder kompostiert werden.
Wer eine kleine Küche im Kleingarten hat, kann auch hier guten Gewissens auf unlackiertes Holz umsteigen, denn Holz ist nicht unhygienisch, sondern antibakteriell, hitzebeständig, und geschmacksneutral. Für die antibakterielle Wirkung sind Gerbstoffe und die wasseranziehende (hygroskopische) Struktur verantwortlich.

1

2

1. Holz- und Bambusstäbe aus dem eigenen Garten ersetzen Plastikstangen.

2. Holz – der beste Baustoff für Hochbeete. Auch aus Altholz wie ehemaligen Terrassendielen oder übrigen Paletten lassen sich Hochbeete bauen.

HOLZ IN HAUS UND GARTEN

- **Gartenarbeit:** Pflanzetiketten, Holzstäbe und -pfosten, Komposter, Holzpikierstab, Möbel, Hochbeete, Rankhilfen, Pflanzkästen und -gefäße, Geräte mit Holzstiel
- **Küchenutensilien:** Brotzeit- und Schneidebretter, Kochlöffel, Nudelholz, Holzgabeln, Gemüse-, Topf- und Flaschenbürsten
- **Pflegeutensilien:** Seifenschalen, Hand-, Haar- und Zahnbürsten, Untersetzer, Wäscheklammern
- **Reinigungsutensilien:** Besen, Handfeger und Schrubber
- **Sonstiges:** Kleiderbügel, Spielzeug, Holzfüller- und -kugelschreiber, Lineale, Spitzer

Holz-Upcycling – Neues Leben für alte Paletten

1. Sammeln

Komposter aus Paletten sind je nach Platz und Bedarf beliebig erweiterbar. Die Paletten bieten Halt und gleichzeitig eine gute Belüftung.

2. Doppelt nutzen

Mehrere aufeinandergestapelte Paletten bieten Stauraum, beispielsweise für Insektenunterschlüpfe, und oben drauf entsteht Platz für ein kleines Beet und eine Vogeltränke.

3. Platz sparen

Aufrecht aufgestellt kann eine nicht mehr genutzte Palette als platzsparender vertikaler Garten mit Sichtschutzfunktion genutzt werden.

4. Ordnung halten

Palette halbieren, anmalen und an die Wand schrauben: So sind die Gartengeräte aufgeräumt.

Papierberge

Papier gilt als nachhaltige Ressource. Das wäre sie auch, wenn nur so viel verbraucht wird, wie nachwächst und die Grundstoffe aus nachhaltiger Forstwirtschaft stammen.

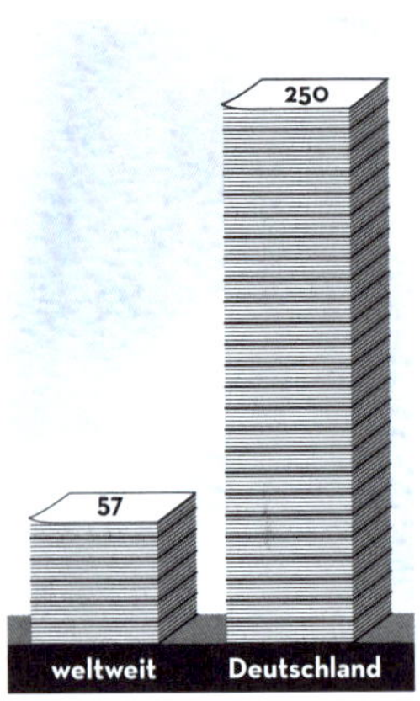

Der durchschnittliche Papierverbrauch pro Person und Jahr in Kilogramm ist in Deutschland etwas fünfmal so hoch wie im weltweiten Mittel. (Quelle: Verbraucherservice Bayern, 2018)

Wie viel Bäume tatsächlich für die Papierherstellung gefällt werden, ist aufgrund illegaler Abholzung und intransparenter Weiterverarbeitung zu Zellstoff oder Endprodukten schwer abschätzbar. Die Angaben reichen von jedem zweiten bis fünftem Baum, der für die Papierproduktion gefällt wird.

ALT STATT NEU

Die Basis der Papierherstellung bilden Faserrohstoffe von Bäumen oder Altpapier. Diese Rohstoffe werden industriell zu Primär- und Sekundärfaserstoffen umgewandelt. Die Faserstoffgewinnung funktioniert über drei Wege: chemisch mit Laugen und Säuren, mechanisch durch Reibung oder über das Auflösen von Altpapier. Mit Zusatzstoffen versetzt, werden diese Fasern zu Primärfaserpapier, Mischpapier und Sekundärfaserpapier verarbeitet. Bevor die fertigen Produkte wie Verpackungen, Werbematerial, Hygieneprodukte in den Handel gelangen, sind weitere industrielle Schritte wie Schneiden, Falten, Kleben, Färben und Beschichten nötig.
Für blütenweißes Papier sind umweltschädliche Bleichmittel nötig. Inzwischen gibt es auch Bleichverfahren, die weniger umweltbelastend sind, leider werden sie global noch sehr selten eingesetzt (www.nabu.de/papierherstellung).
Aus 1 kg Holz lassen sich etwa 450 g Kopierpapier herstellen oder umgekehrt für 1 kg Kopierpapier werden bis zu 2,2 kg Holz benötigt. Mit knapp 90 % ist die Altpapier-Verwertungsquote relativ hoch. Die Verwendung von Recyclingpapier spart im Vergleich zu Papier aus Primärfasern laut Umweltbundesamt 60 % an Energie, 70 % an Wasser und es fließen weniger Chemikalien ins Abwasser. Recyclingpapier schont also die Wälder und die Biodiversität und minimiert zudem die Wasserverschmutzung. Aber auch beim Recycling wird Energie und Wasser verbraucht. Papierfasern können nicht beliebig oft recycelt werden. Denn für die Altpapier-Produktion ist eine bestimmte Faserlänge nötig und nach fünf bis sieben Zyklen sind die Fasern zu kurz. Die Einsparungen durch verbesserte Recyclingprozesse und die steigende Verwendung von Recyclingpapier sind bedauerlicherweise durch den ebenfalls gestiegenen Gesamtverbrauch zunichtegemacht worden.

WERTSTOFF PAPIER

WIE VIEL PAPIER WIRD VERBRAUCHT UND WOFÜR?

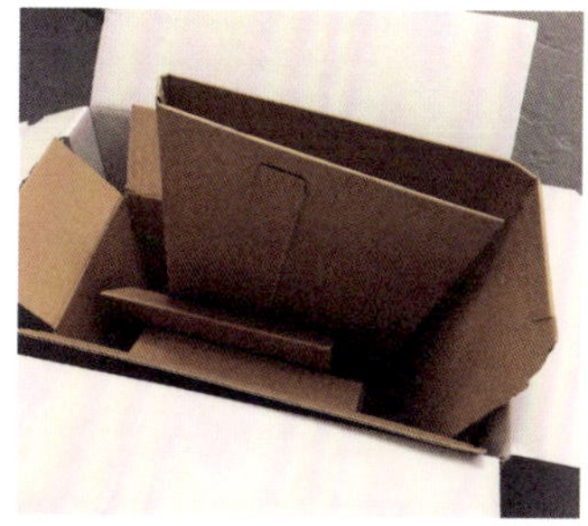

Über die Hälfte wird für Verpackungen verbraucht und ca. 36 % für Presse, Werbung, Büro und Schule. Für die Hygiene nochmal fast 8 % und die restlichen ca. 5 % für Kassenzettel, Parktickets, Fahrkarten oder Kaffeefilter.

TEEBEUTEL SPAREN: KRÄUTERTEE SELBST ANBAUEN

- **Blätter:** Brennnessel, Brombeere, Erdbeere, Minze, Salbei, Thymian, Zitronenmelisse
- **Blüten:** Holunder, Lavendel, Malve
- **Samen:** Fenchel, Kümmel
- **Früchte:** Hagebutten

Von Recyclingpapier kann annähernd 100 % stofflich verwertet werden. Das schont Bäume und Wälder. Recyclingpapier spart ca. 60 % Energie, ca. 70 % Wasser und auch Chemikalien.

WAS GEHÖRT NICHT IN DIE PAPIERTONNE? **FALSCHES PAPIER**

- Plastikverpackte Werbebroschüren (trennen!)
- Weiße Kassenzettel
- Parktickets
- Fahrkarten

PAPIERKARTON IM GARTEN – **NO-DIG-BEETE**

Karton ohne Druck und Klebebandreste kann auch gut als Vorbereitung für ein neues Beet verwendet werden: Karton im Herbst auf die (Rasen-)Fläche legen, Erde und Kompost darauf geben. Der Karton unterdrückt den Rasen und verhindert das Unkrautwachstum. Die Fläche kann im nächsten Frühjahr bepflanzt werden. Bei einer dicken Kompost- oder Erdschicht kann auch gleich gepflanzt werden (siehe S. 42/43).

CRADLE TO CRADLE: WAS IST DAS?

Dieses Buch ist nach dem C2C-Verfahren gedruckt. Cradle to Cradle ist ein sehr hoher Produktionsstandard für ökologisch und gesund produzierte Produkte. Neben den verwendeten Materialien wie Papiere und Farben wird auch deren Kreislauffähigkeit sowie der gesamte Verarbeitungsprozess geprüft. Nur, was möglichst unschädlich ist für Menschen, Tiere und Umwelt, darf verwendet werden.

STROM – NACHHALTIGER & WENIGER

RASENMÄHER, HECKENSCHERE, SÄGE, RASENKANTENSCHERE – ALLES OHNE STROM!

Gartengeräte ohne Strom, Akku oder Motoren sind meist kostengünstiger und wartungsextensiver. Außerdem fordert körperliche Aktivität die Fitness, der Garten verwandelt sich in ein kostenloses Fitnesscenter.

Energie im Vergleich

Eine Kilowattstunde entspricht etwa

Holz	Steinkohle	Benzin	Heizöl	Erdgas
2,5 kg	**0,12 kg**	**0,09 kg** (0,75 kg/Liter)	**0,085 kg** (0,85 kg/Liter)	**0,05 – 0,08 kg** Flüssiggas*

*1 m^3 Erdgas entspricht 0,509 kg Flüssiggas

Strom sparen im Garten

Wo wären wir heute ohne Strom? Strom ist nicht mehr aus unserem Alltag wegzudenken. Er hat uns vieles ermöglicht, nun stehen wir vor der Herausforderung, Strom und Energie so zu generieren und zu nutzen, dass die Umwelt nicht weiter geschädigt wird.

In allen Sektoren wird Strom verbraucht: Industrie, Gewerbe, Handel, Transport, Freizeit, Kultur, Bildung, Landwirtschaft und privaten Haushalten. Seit der Jahrtausendwende schwankt der Bruttostromverbrauch in Deutschland jährlich zwischen 555 und 623 Terawattstunden (TWh). Eine Terawattstunde entspricht einer Milliarde Kilowattstunden. Es wird davon ausgegangen, dass der Stromverbrauch durch E-Mobilität und E-Wärme weiter stark ansteigt.
Die Biomasse-Verstromung von Holz, Energiepflanzen und Abfällen kann nur einen Teil des Bedarfs abdecken. Deshalb benötigen wir einen nachhaltigen Mix aus Biomasse-, Wind-, Sonne-, Wasserenergie und Geothermie, doch zusätzlich müssen wir uns Gedanken machen, wie wir den Stromverbrauch senken, auch im Garten.

WO KANN IM GARTEN STROM GESPART WERDEN?

Für einige stellt sich die Frage gar nicht, da sie keinen Stromanschluss im Garten haben. Aber auch hier wird Strom und Energie in Form von batterie-, akku- oder benzinbetriebenen Geräten verbraucht.

Im Garten benötigen wir Strom für die Beleuchtung, Pflegemaßnahmen, Bewässerung, Kommunikation und Informationsgewinnung. Ja, inzwischen auch für Informationen. Früher bekam man Garteninformationen ausschließlich im Gespräch mit anderen Gärtnerinnen und Gärtnern oder aus Büchern und Wetterinformationen aus der Betrachtung des Himmels kombiniert mit Erfahrung. Heute ist schnell das Smartphone zur Hand und Fragen über Fragen werden eingetippt, das verbraucht zum einen Strom auf der Seite der Homepage-Betreiber oder App-Anbieter und natürlich dort, wo die Informationen abgerufen werden – nämlich dem eigenen Handy.

Es werde Licht

Um nicht durch die Dunkelheit zu tappen, gibt es stromsparende Alternativen wie Solarlichter und Energiesparlampen. LED-Pflanzenlampen sind heute durch einen höheren Lichtwirkungsgrad effektiver als veraltete Technik, denn sie produzieren weniger Abwärme und der Strom geht vor allem in die Lichtleistung. Nur sparsam einsetzen, da Kunstlicht Tieren schadet.

LED-Lampen und Energiesparlampen dürfen nicht über den Hausmüll entsorgt werden, sondern müssen separat an kommunalen Wertstoffhöfen oder im Elektrohandel gesammelt werden.

1

2

3

1. Smartphone und Internet verbrauchen Strom, können aber auch dabei helfen, Strom zu sparen.

2. Solar-Laternen sind eine erhellende Lösung ohne Strom aus der Steckdose.

3. Der Rechen ist leiser, wartungsarm und rücksichtsvoller als ein Laubsauger.

Aber auch ganz ohne Strom, mit Kerzen, gibt es ein schönes gemütliches Licht in einer Sommernacht. Die meisten im Handel erhältlichen Kerzen bestehen aus Paraffin, also auf Mineralöl-Basis. Kerzen aus Stearin, enthalten tierische oder pflanzliche Fette – sind aber auch kritisch, da meist Schlachtabfälle oder Palm-, und Sojaöl aus nicht zertifizierten Quellen verwendet werden. Bienenwachskerzen bestehen aus einem „nachwachsenden" Material, sind aber nicht vegan. Vereinzelt gibt es Bio-Kerzen aus regionalen pflanzlichen Stoffen und inzwischen auch Teelichter ohne Aluschälchen.

Schneiden und Trimmen

Die meisten Gartengeräte werden zum Schneiden und Trimmen der Pflanzenwelt angeboten, vom Rasenmäher, über Hecken- und Astscheren, Motorsägen, Häcksler und Rasenkantenscheren. Zugegeben Heckenschneiden und Rasenmähen kann anstrengend sein, aber bei einer überschaubaren Heckenlänge und Rasenfläche sind die muskelbetriebenen Geräte gewöhnlich günstiger in der Anschaffung und schneller im Einsatz. Bis das Verlängerungskabel verlegt, der leere Akku aufgeladen oder der Benzinmäher aufgefüllt ist, ist man mit stromlosen Geräten

schon längst unterwegs. Zudem müssen stromlose Geräte weniger gewartet werden und sind häufig leiser.
Lohnt es sich überhaupt ein eigenes Elektrogerät für den Garten zu kaufen? Wie häufig wird es tatsächlich verwendet und würde sich das Ausleihen nicht doch mehr lohnen? Denn die Herstellung von Elektrogeräten kostet Energie und Ressourcen.
Jedes Jahr werden ca. 950.000 Elektroaltgeräte entsorgt. Und etwa 2,6 Millionen Elektroneugeräte werden gekauft (UBA und BMUV, 2019). Das bedeutet, jährlich gibt es in Deutschland zu den schon vorhandenen Geräten 1,65 Millionen Elektrogeräte mehr. Davon wird sicherlich der größere Teil genutzt, aber wie viele kaputte Geräte lagern vergessen und unbeachtet als wertvolle Ressource irgendwo im Garten, Keller oder in der Schublade? Am besten nicht reparierfähige Geräte nicht lagern, sondern kostenlos an den Wertstoff- und Recyclinghöfen abgeben, das spart den Neuabbau von Rohstoffen.
Brauchen wir wirklich so viele neue Geräte? Das sind die Alternativen:

– Teilen oder leihen bei der Nachbarschaftshilfe, den Baumärkten oder dem Maschinenverleih.
– Für eine lange Haltbarkeit gut pflegen, reinigen und im Winter trocken lagern.
– Reparieren in Repair Cafés (ohne Garantie), Spezialwerkstätten oder im Fachhandel.

Bewässern

Inzwischen gibt es strombetriebene Bewässerungssysteme, die verlässlich den Wasserhaushalt kontrollieren. Aber auch hier kann mit weniger oder ohne Strom gearbeitet werden. Der Einsatz von Solarpumpen funktioniert vielleicht nicht zu jeder Tages- und Nachtzeit, aber wenn die meiste Sonne scheint, sind auch der Wasserbedarf und die Verdunstung der Pflanzen am höchsten. Ein höher gestellter Wasserspeicher bewässert alleine durch die Erdanziehungskraft. Auch im Gartenteich kann auf Solarpumpen zurückgegriffen werden, denn die Belüftung stehender Gewässer, zum Beispiel Teiche und Wasserbehälter, fördert das Wasserleben. Im ökologischen Gleichgewicht am richtigen Standort, mit einer naturnahen Bepflanzung und einem angepassten Fischbesatz reinigen sich Teiche selbst.

Laut, lauter, Laubsauger

Laubrechen kann wirklich eine Sisyphusarbeit sein – kaum ist man fertig, kommt der nächste Wind und bläst neue Blätter vom Baum oder verteilt den Blätterhaufen. Ein Laubbläser scheint alles viel schneller zu erledigen, aber er ist auch unglaublich laut, schafft es nicht, feuchte Blätter zu entfernen und stört zudem die Insektenwelt. Das gezielte Gebläse unterscheidet sich von einem natürlichen Wind oder Sturm, denn die Insekten werden durch die Luft gewirbelt und ihre Unterkünfte komplett zerstört. Es gibt auch Modelle, die Laub einsaugen, somit haben Insekten und kleine Tierchen keine Chance zur Flucht.

Es werde heiß – Grillen und Heizen

Grillen, hierzulande eine der Lieblingsbeschäftigungen. Kein Wunder, es ist gemütlich, gesellig und abwechslungsreich. Die Gourmetgeister scheiden sich, was besser schmeckt: Grillgut vom Gas-, Holzkohle- oder Elektrogrill? Der Gasgrill verbraucht relativ viel fossile Energie (Propan oder Butan) und ist deshalb ein sehr teurer Grillspaß. Holzkohle kann, muss aber nicht nachhaltig sein, denn Kohle ist nicht gleich Kohle. Beispielsweise werden Tropenhölzer oder Produkte mit Zusatzstoffen angeboten, deshalb nachhaltige Quellen nutzen und auf Siegel wie FSC, PEFC oder Naturland achten, denn illegalen und korrupten Holzeinschlag gibt es nicht nur in den Tropen, sondern auch in Europa, Afrika und Asien. Ein Elektrogrill benötigt viel Strom, deshalb Ökostrom verwenden und nach dem letzten Grillgut sofort ausschalten.

STROMVERBRAUCHER IM GARTEN

- **Laubbläser:** 2000 bis 3500 Watt
- **Elektrogrill:** 2000 bis 2500 Watt
- **Elektrischer Heizpilz:** 1000 bis 4000 Watt
- **Elektrischer Rasenmäher:** 1500 Watt
- **Elektrische Heckenschere:** 400 bis 600 Watt
- **Glühlampe:** 60 Watt
- **LED-Lampe (60 W):** 8,5 Watt
- **Rasenkantenschneider-Handgerät:** 3 bis 10 Watt

Umweltfreundliche und eigene Energie im Garten

Alternative Energiequellen ersetzen fossile und begrenzte Energieträger wie Braunkohle, Steinkohle, Erdöl oder Erdgas. Über Jahrmillionen wurde pflanzlicher Kohlenstoff in den fossilen Rohstoffen fixiert. Die Verbrennung setzt das Treibhausgas Kohlenstoffdioxid in kurzer Zeit wieder frei und befeuert somit den Klimawandel.

1

„Noch mehr und noch billiger wird am Ende am teuersten sein.“

Manuela Gaßner

Auf dem Papier oder Online-Formular entscheiden wir, welchen Strom wir geliefert bekommen. Die einfachste und bequemste Methode ist, beim Stromanbieter auf nachhaltige Energiequellen umzusteigen. Auch im Garten ergeben sich Möglichkeiten, eigenen Strom zu produzieren. Die Grundüberlegung ist: Benötigt man den Strom wirklich? Denn die Herstellung zusätzlicher Energieproduzenten kostet Ressourcen und irgendwann müssen diese auch entsorgt werden.
Solarpumpen und -lichter gibt es inzwischen in vielen Ausführungen, wichtig sind eine gute Verarbeitung, lange Laufzeit, gute Pflege und eine Herstellergarantie. Kleine Photovoltaik-Anlagen für die Steckdosen, sogenannte Stecker-PV, können sogar aufs Gartendach oder bei ausreichender Statik auch an ein Süd-Balkongeländer montiert werden. Wichtig: Sie sind ausschließlich für den Eigenbedarf und nicht für die Netzeinspeisung gedacht. Die Anlagen müssen vorher beim Vermieter genehmigt und beim Netzbetreiber und der Bundesnetzagentur gemeldet werden.
Relativ unkompliziert im Garten gestaltet sich die Warmwassergewinnung über Solarthermie. Einfach einen langen schwarzen Schlauch auf das Gartenhausdach legen oder einen schwarzen Kunststoffbeutel an einer sonnenexponierten Stelle aufhängen. Die erwärmte Wassermenge hängt von der Aufnahmekapazität des Schlauchs bzw. Beutels und der Sonneneinstrahlung ab.
Kleine Windräder auf dem Gartendach sind relativ teuer in der Anschaffung, benötigen einen Zwischenspeicher und sind nur sinnvoll in sehr windreichen Gegenden.
Die Nutzung von Wasserkraft wird den wenigsten Gartenbesitzerinnen und -besitzern möglich sein, denn dazu erfordert es ein Fließgewässer im Garten.

1. Stecker-PV-Anlagen sind inzwischen sogar für Mieter möglich.

2. Mini-Solaranlage für die Balkon-Bewässerung ohne Stromanschluss

2

ENERGIELIEFERANTEN: KOMPOST, BIOTONNE UND GRÜNGUTSAMMELSTELLEN

Den eigenen Müll richtig zu trennen gehört zum Ressourcenschonen dazu – auch was die Biotonne betrifft. Wandern Pflanzenreste in den Restmüll, werden sie verbrannt und die wertvollen Bestandteile sind verloren. Zudem reduziert feuchte Biomasse den Wirkungsgrad in Müllverbrennungsanlagen. Der Inhalt der Biotonne wandert in Biogas- und Kompostieranlagen. So wird lokal aus nachwachsenden und vorhandenen Rohstoffen Strom, Wärme und zusätzlich nährstoffreiche Erde produziert. Bioabfälle falsch entsorgt sind also mehrfach umweltschädlich. Sie stehen nicht der ressourcenschonenden Energie-, Wärme- und Kompostgewinnung zur Verfügung und verschwenden Ressourcen bei der Restmüllverbrennung.

WIE VIEL LITER WASSER KANN ICH MIT MEINEM SOLAR-GARTENSCHLAUCH ERHITZEN?

Schlauchlänge/ -Durchmesser	13 mm (½ Zoll)	30 mm
5 m	0,7 l	3,5 l
10 m	1,3 l	7,1 l

Durchwachsene Silphie, eine mehrjährige und blühende Energiepflanze

Wer selbst kompostiert, kann sich theoretisch von der Biotonne befreien lassen (siehe S. 45). Manchmal ist aber die Gartenfläche zu klein, dann ist es umweltfreundlicher eine Biotonne oder die Grüngutsammlung der Wertstoffe zu nutzen, um auf der eigenen Fläche nicht zu überdüngen und somit das Grundwasser zu verschmutzen.

Energiepflanzen

Energiepflanzen wie Raps, Mais, Rüben, Getreide, Durchwachsene Silphie und Elefantengras sind eine nachwachsende alternative Energiequelle, sie stehen aber auch in der Kritik, denn der Anbau findet in Monokulturen statt, benötigt fossile Energien, reduziert die Artenvielfalt, zerstört weitere Ökosysteme und steht in der Flächenkonkurrenz zur Nahrungsmittelproduktion. Außerdem wird die energetische Nutzung von Nahrungsmitteln wie Getreide, Mais oder Rüben auch ethisch stark diskutiert. Etwa 2,0 kg Getreidekörner oder 1,3 kg Pflanzenöl ersetzen 1 l Heizöl.

MUSKELKRAFT

Eine gut verfügbare alternative Energiequelle ist die eigene Muskelkraft. Die Nachteile, es dauert manchmal etwas länger und ist natürlich anstrengender, als einen automatischen Mähroboter über den Rasen zu schicken. Die Vorteile von Muskelenergie, sie ist (fast) immer vorhanden, hat einen extrem geringen CO_2-Ausstoß und die Nutzung erzeugt „paradoxerweise“ noch mehr Muskeln und noch mehr Energie. Außerdem macht uns der körperliche Einsatz gesünder und auch ein bisschen stolz auf unser Tageswerk.

DAS ALLES KANN DIE BIOTONNE ERSETZEN

- fossile Energieträger zur Strom- und Wärmegewinnung
- Mineraldünger
- langer Transport bzw. Import von Erden und Substraten
- Torfabbau aus Mooren

WAS IST …?

Stromlieferant	Herkunft/Entstehung	Kohlenstoff-Anteil	Heizwert
Steinkohle, „Schwarzes Gold“	Sedimentgestein aus Pflanzenresten vor 250 bis 350 Millionen Jahren	75 bis 90 %	ca. 29 MJ/kg
Braunkohle	Sedimentgestein aus Pflanzenresten vor 2 bis 65 Millionen Jahren	60 bis 70 %	ca. 15 MJ/kg
Holzkohle	Holzverbrennung unter Luftabschluss (Pyrolyse)	80 bis 90 %	ca. 28 bis 35 MJ/kg
Nachwachsende Rohstoffe (NawaRo)	Land- und forstwirtschaftlicher Anbau: Holz, Faserpflanzen, Wolle, öl-, zucker- und stärkehaltige Pflanzen, Harze, Kautschuk, Färberpflanzen, tierische Produkte	sehr unterschiedlich	je nach Ausgangsmaterial sehr unterschiedlich, z. B. Holz bis zu 17 MJ/kg Energiepflanzen 14 bis 36 MJ/kg

Der Handrasenmäher: stromsparend, reparierfähig und muskelaufbauend

> **„Ein Lächeln kostet weniger als Elektrizität und bringt viel mehr Licht.“**
>
> *Abbé Pierre, französischer Priester und Philanthrop*

ERNTERESTE – NACHHALTIGE NUTZUNG

ZUCCHINISCHWEMME IM SOMMER

Eine Schubkarre voller Zucchini, wer soll denn das alles essen? Irgendwann wollen auch die Arbeitskollegen und Nachbarn nichts mehr – dann hilft nur noch einmachen.

Was sind Reste?

Der Rest kommt weg! Der Wohlstand einer Gesellschaft lässt sich an ihrem Müll messen. Je mehr Wohlstand, desto mehr wird weggeworfen. Das könnte man als Luxus bezeichnen, aber zu welchem Preis? Wer bezahlt diesen Luxus aktuell und in der Zukunft?

Unser Recyclingsystem ist im globalen Vergleich sehr gut ausgebaut. Das muss es auch sein, denn wenige Nationen produzieren so viel Müll wie wir. Lebensmittel werden im großen Stil weggeworfen, entweder schon auf dem Feld, in der Verarbeitung, im Handel oder in den Privathaushalten. Verpackte Lebensmittel landen häufig in der Restmülltonne, sowohl im Handel als auch in den Haushalten, denn das Trennen von Inhalt und Verpackung ist oft aufwendig und nicht „rentabel". Neben der sinnlosen Vergeudung der Nahrungsmittel ist die Entsorgung über die Restmülltonne zusätzlich energetisch ineffektiv und eine Ressourcenverschwendung, denn sie könnten in der Biotonne noch zur Energie- und Wärmegewinnung genutzt werden. Aber am ressourcenschonendsten ist es, Lebensmittel zu essen und nicht wegzuwerfen.

RESTMÜLLTONNE VERKLEINERN?

Die Restmülltonne ist die historisch älteste Abfalltonne in privaten Haushalten. Sie ist die Endstation des Hausmülls. Alles, was keine separaten Recycling- oder Wiederverwertungswege hat, landet dort und wird direkt in die Müllverbrennungsanlage gefahren und thermisch verwertet. Die absolute Endstation für beispielsweise bestimmte Bauabfälle, Schlacke und toxische Stäube aus der Hausmüllverbrennung ist die Mülldeponie. Wer Abfall reduziert und/oder richtig trennt, der kann bei der Gemeinde eine kleinere Tonne bzw. eine Gemeinschaftstonne mit den direkten Nachbarn beantragen. Das ist gut für die Umwelt, spart Platz und senkt die Müllgebühren. Gartenabfälle dürfen nicht über die Restmülltonne entsorgt werden, sondern nur über die Biomülltonne oder an Wertstoffhöfen. Es gibt sogar einen Bußgeldkatalog für das illegale Entsorgen pflanzlicher Abfälle.

Re-grow

Salatstrunk, Frühlingszwiebeln oder Zitronengras wachsen in Wasser gestellt noch einmal nach.

„Jedes weggeworfene Lebensmittel ist eine Ressourcenverschwendung."

Manuela Gaßner

Lebensmittelverschwendung vermeiden

Laut Schätzungen der FAO gehen weltweit etwa ein Drittel der Lebensmittel verloren, das kostet Wasser, Energie, Arbeits- und Lebenszeit, schädigt die Umwelt und erfordert große Agrarflächen. Besonders in wohlhabenden Ländern werden viele Lebensmittel auch in Privathaushalten weggeworfen.

VOM FELD IN DIE TONNE – NEIN!

Je mehr Lebensmittel weggeworfen werden, desto höher steigen die Preise. Besonders prekär wirkt sich das auf Länder mit geringen Einkommen aus. Denn Getreide, Öl, Kartoffeln, Reis, Kaffee oder Tee werden am Weltmarkt gehandelt. Auch der Anspruch und Fokus auf makelloses und genormtes Obst und Gemüse fördert die Wegwerfrate auf dem Feld und im Handel. Eine krumme Gurke oder eine zweibeinige Möhre schmecken genauso gut wie „perfektes" Gemüse, werden aber seltener angeboten und weniger gekauft. Die Normung von Obst und Gemüse entspringt aus der ökonomischen Effektivität: Je gerader die Gurken, desto mehr passen in die Kiste. Je gleicher die Äpfel oder Paprika, desto einheitlicher ist auch das Gewicht der jeweiligen Packungen. Regionale Anbieter können die Normung überspringen, dort findet sich krummes Gemüse in lustigen Formen. Im eigenen Garten freut man sich über eine herzförmige Kartoffel oder über ein verschlungenes Karottenpärchen.

Lebensmittelverschwendung fängt im Kopf an. Wir leben in dem Luxus, nicht zu hungern und zusätzlich extrem viel Auswahl zu haben. Diese Überversorgung führt zu einer geringeren Wertschätzung – denn alles, was man immer und überall haben kann, ist Alltag und nichts Besonderes. Etwas ganz Besonderes sind aber der eigene Garten und die eigene Ernte. Wer eigenes Obst und Gemüse anbaut, weiß, wie viel Planung und Arbeit darin stecken. Man kennt die gesamte „Wertschöpfungskette", von der Aussaat, über die

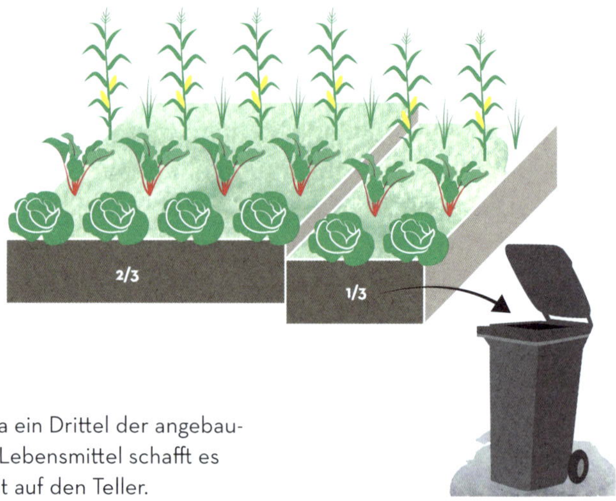

Etwa ein Drittel der angebauten Lebensmittel schafft es nicht auf den Teller.

1

2

Pflege bis zur Ernte und Verarbeitung, als bunter Gartensalat, Tomatensoße oder Erdbeermarmelade. Schon dieses Wissen schärft die Aufmerksamkeit bezüglich der Lebensmittelproduktion. Lebensmittelverschwendung kostet neben Ressourcen auch Geld und belastet den Geldbeutel. Lebensmittel wegwerfen ist, als würde man im eigenen Garten Gemüse und Obst mit viel Liebe, Zeit und Geld anbauen, ernten und dann direkt auf den Kompost werfen.
Gegen die Lebensmittelverschwendung im Garten helfen: eine gute Planung, die richtige Ernte, Lagerung und zu guter Letzt, das Haltbarmachen.

RICHTIG PLANEN

Wer kennt es nicht – die Zucchinischwemme! Um das zu vermeiden, hilft ein Anbauplan oder genügend Zeit, um die Ernte haltbar zu machen. Bei kleineren Gärten herrscht selten das Problem von zu viel, außer man baut ganz viel von einer Art an. Mittlere, große oder Gemeinschaftsgärten müssen schon mehr darauf achten, was, wie viel und wann erntereif ist. Um die Erntemengen zu entzerren, eignet sich der Anbau in Sätzen.

RICHTIG ERNTEN

Der Erntezeitpunkt hat Einfluss auf die Haltbarkeit und zusätzlich auf Vitamingehalt und Geschmack. Zu früh geerntet schmecken die Früchte noch nicht und zu spät geerntet sind sie wenig lagerbar, anfällig für Druckstellen, einige Gemüsearten werden auch holzig. Zum optimalen Zeitpunkt sind am meisten wertvolle Vitamine und gesunde Inhaltsstoffe enthalten.
Die beste Tageszeit zum Ernten ist der kühle Morgen oder Abend. Das Erntegut ist kühl, was die biochemischen Aktivitäten reduziert. Auch eine Ernte kurze nach dem Gießen wirkt sich positiv auf die Lagerfähigkeit aus, die Früchte und vor allem auch Salate und Kräuter sind vollgesaugt mit Wasser und trocken nicht so schnell aus.

RICHTIG LAGERN

Das Verderben von Lebensmitteln ist ein Hauptgrund, warum so viel weggeworfen wird. Durch falsche Lagerung leiden der Geschmack und Vitamingehalt. Um das zu vermeiden, bitte nur kaufen bzw. ernten, was du wirklich gerade benötigst. Als Grundprinzip, nicht nur für das eigene Gemüse und Obst,

1. Eine gute Anbauplanung ist der erste Schritt, um zu große Ernten und damit die Verschwendung von Lebensmitteln zu vermeiden.

2. Endlich mal was Anderes: krummes Gemüse aus dem Garten

Garten-Kresse lässt sich im Zimmer ganzjährig kultivieren.

GEMÜSE IN SÄTZEN AUSSÄEN

	Febr.	März	April	Mai	Juni	Juli	Aug.	Sept.	Okt.
Blattsalate		×	×	×	×	×	×		
Bunte Bete	×	×	×	×	×				
Buschbohnen				×	×	×			
Endiviensalat			×	×	×	×	×		
Erbsen		×	×	×	×				
Feldsalat		×	×	×	×	×	×	×	
Frühlingszwiebeln		×	×	×					
Kartoffeln			×	×	×				
Kohlrabi	×	×	×	×	×	×	×		
Lauch		×	×						
Mairübchen		×	×	×	×	×	×		
Mais			×	×	×				
Mangold		×	×	×	×	×	×		
Möhren	×	×	×	×	×	×			
Radieschen		×	×	×	×	×	×	×	
Rettich		×	×	×	×	×	×		
Salate		×	×	×	×	×	×		
Sellerie			×	×					
Spinat		×	×	×			×	×	× (Mitte)
Wirsing		×	×	×	×	×	×		
Zucchini				×	×	×			
Zwiebeln	×	×	×	×	×				

WAS HÄLT SICH WIE LANGE?

Maximal fünf Tage lagerfähig	Eine Woche und länger haltbar	Mehrere Wochen und Monate haltbar (kühl, dunkel)
Aprikosen, Basilikum, Bohnen, Brokkoli, Brombeeren, Erbsen, Feldsalat, Grünkohl, Gurken, Himbeeren, Johannisbeeren, geschnittene Kräuter, Mangold, Melonen, Mini-Kiwis Nektarinen, Pfirsiche, Pflaumen, Pilze, Salate, Spargel, Spinat und Zuckermais	Birnen, Erdbeeren (gekühlt), Heidelbeeren, Jostabeeren, Paprika, Radieschen, Rhabarber, Rettich, Rosenkohl, Stangensellerie, Tomaten, Zwetschgen, Zucchini	Blumenkohl, Chicorée, Chinakohl, Endivien, Karotten, Kartoffeln, Knoblauch, Knollensellerie, Kürbis, Lauch/Porree, Meerrettich, Pastinaken, Petersilienwurzeln, Rot- und Weißkraut, Steckrüben, Wirsing, Zwiebeln

gilt „First in, first out", was zuerst geerntet wurde, wird als Erstes wieder gegessen.
Feucht oder trocken lagern? Das hängt vom Lebensmittel ab, je dünner die Blätter und Haut, je kleiner das Obst und Gemüse, je mehr Wasser enthalten ist, desto größer die Transpirationsverluste, d. h. kühl und feucht lagern. Je größer das Obst bzw. Gemüse und je dicker die Haut, desto trockener lagern. Kopfsalat trocknet beispielweise schnell aus, in ein feuchtes Tuch schlagen, hilft dagegen. Dickschaliger Kürbis wird hingegen trocken gelagert.

Kühlschrank – ja oder nein?

Kühle Temperaturen und teilweise auch Dunkelheit fördern die Lagerfähigkeit, da viele biochemische Reaktionen verlangsamt werden. Der Kühlschrank ist daher meist die erste Anlaufstelle zum Lagern, aber nicht für alle. Nicht im Kühlschrank gelagert werden sollen: Auberginen, Basilikum, Melonen, Pflaumen, Zwetschgen, Gurken, Kartoffeln, Knoblauch, Kürbis, Tomaten, Zucchini und Zwiebeln. Sie verlieren an Geschmack, werden matschig, schnell braun oder gar schwarz. Exotische Früchte vertragen häufig keine niedrigen Temperaturen, deshalb solltest du sie auch nicht im Kühlschrank lagern.

Langes Aroma

Schnittkräuter behalten in einem Glas Wasser länger ihre Frische. An einen schattigen Platz stellen und das Wasser täglich wechseln. Einige Kräuter vertragen sich nicht, deshalb ist es sinnvoll für jedes Kräutersträußchen ein extra Glas zu verwenden.

Keine gute Nachbarschaft

Einige Obst- und Gemüsearten sind klimakterisch: Sie reifen nach der Ernte nach. Da sie das Reifegas Ethylen abgeben, sollten sie getrennt von anderen Früchten aufbewahrt werden. Viel Ethylen produzieren Äpfel, Aprikosen, Nektarinen und Pfirsiche. Bananen sind sehr empfindlich auf Ethylen und sollen auf keinen Fall neben den oben genannten Früchten aufbewahrt werden.
Dieser Umstand kann aber auch gezielt genutzt werden: Beispielsweise kannst du halbgrüne Tomaten mit ein bis zwei Äpfel in eine Papiertüte legen. Sie reifen so nach und werden rot.

Rüben lassen sich gut in ausrangierten Wäschetrommeln im Beet lagern.

Längere Lagerung?

Die Blätter von bunter Bete, Fenchel, Knollensellerie, Möhren, Radieschen und Rettich solltest du besser abschneiden, denn über die Blätter geht zusätzlich Wasser verloren und das Gemüse verliert schnell an Frische. Das Blattgrün muss übrigens nicht auf dem Kompost landen, es kann frisch im Salat, als Pesto oder gekocht gegessen werden. Aus dem eigenen Bio-Garten die Schalen von Wurzelgemüse einfach mitessen, auch frisches Zwiebelgrün oder die Blätter und das Strunkinnere von Kohl-Arten wie Blumenkohl oder Romanesco schmecken hervorragend, zum Beispiel in Suppen.

ZU VIEL ANGEBAUT ODER GEKAUFT? TEILEN!

Bevor es in der Tonne oder auf dem Kompost landet, ist es viel besser, Ernte oder Lebensmittel zu teilen. Das ist besonders sinnvoll vor dem Urlaub. Freunde, Bekannte, Arbeitskolleginnen und Kollegen freuen sich meist über selbst angebautes Obst und Gemüse. Online, hat sich bundesweit die Plattform *foodsharing.de* etabliert. Hier können kostenfrei überschüssige Lebensmittel und Erntemengen über die Homepage angeboten oder offline in die lokalen Fair-Teiler gebracht werden. Tatsächlich kann man auch mit den Nachbarn eine Anbaukooperation machen. Jeder hat vielleicht für eine andere Obst- oder Gemüseart ein Händchen und könnte sie für Nachbarn oder Freunde anbauen. Und im Gegenzug bekommt man etwas anderes Selbstangebautes zurück.

ERNTEDANKFEST FEIERN

Einfach dankbar sein! Das Erntedankfest war ursprünglich ein heidnisches Fest und schon bei den antiken Ägyptern, Griechen und Römern bekannt. In den USA, Kanada und Japan ist mit Thanksgiving bzw. Niiname-sai das Erntedankfest sogar ein staatlicher Feiertag. Die Tamilen in Indien und Sri Lanka feiern mit Pongal ein mehrtägiges Erntedankfest. In Mittelamerika wird die Maisgöttin geehrt und in Afrika bittet und dankt man den Vorfahren. Heute verbinden wir Erntedank mit einem kirchlichen Fest. In früheren Zeiten war das Überleben der Menschen von einer jährlich guten Ernte abhängig. Schlechte Ernten galten als Strafe der Götter und gute Ernten als Belohnung. Auch wenn wir heute mit schlauer Planung, Düngung und Bewässerung eine gute Ernte erzielen können, ist es trotzdem immer wieder beeindruckend, was und wie viel wir ernten. Industrienationen sind durch die Kaufkraft und Globalisierung nicht mehr von guten oder schlechten Ernten abhängig. Was fehlt, wird am Weltmarkt gekauft, aber nicht alle Menschen haben diese Sicherheit. Aufgrund der ständigen Verfügbarkeit der Lebensmittel ist das Gefühl für die Landwirtschaft und die Dankbarkeit für gute Erntejahre verloren gegangen. Warum nicht wieder ein Erntedankfest mit Familie, Freunden und Nachbarn ins Leben rufen? Feiern wir eine gute Ernte und bedanken uns dafür!

WENIGER LEBENSMITTEL VERSCHWENDEN

Im Haushalt

- Essens- und Einkaufsplan erstellen
- Einkaufen ohne Hunger
- Richtige Lagerung
- Mindesthaltbarkeitsdatum hinterfragen
- Kleine Portionen kochen
- Lebensmittel haltbar machen
- Resteessen kochen
- Lebensmittel abgeben an www.foodsharing.de, www.tafel.de und Fair-Teiler
- Alles, was dann noch übrig oder nicht mehr gut ist, auf den Kompost oder in die Biotonne geben

Im eigenen Garten

- Essens- und Anbauplan erstellen
- Anbauen mit Hunger
- Erntezeiten strecken (Aussaat und Pflanzung in Sätzen)
- Gute Lagerung, teilweise Lagerung im Beet möglich
- Erntegut haltbar machen
- Resteessen, Grünzeug und „Schnittabfälle" nutzen
- Zuviel Obst und Gemüse verschenken und teilen (Arbeitskollegen, Nachbarn, Foodsharing, Tafeln)
- Reste wieder kompostieren

HALTBAR MACHEN

Um Reste zu vermeiden oder große Erntemengen nicht auf den Kompost werfen zu müssen, ist Konservieren eine uralte Idee. Im Zeitalter der Lebensmittelindustrien wird zu Hause leider relativ wenig haltbar gemacht. Aber es ist gar nicht schwer. Wichtig ist, dass Mikroorganismen abgetötet werden oder deren Wachstum und Vermehrung reduziert wird. Dazu gibt es unterschiedliche Methoden:

- **Wasserentzug:** trocknen, zuckern und salzen
- **Wärme:** einmachen, einkochen und einwecken
- **Kälte:** kühlen und einfrieren
- **Gärung:** alkoholisch und Milchsäure

ACHTUNG Lebensmittelbotulismus, ist eine bakterienverursachte Krankheit. Die Sporen können unter Luftabschluss in Lebensmitteln entstehen. Besonders bildet sich das Toxin in unvollständig eingekochtem Bohnensalat.

Der Winter kann kommen

TROCKNEN

GEEIGNET FÜR Obst (Äpfel, Pflaumen, entkernte Kirschen, Himbeeren), Gemüse (Tomaten, Erbsen, Bohnen, Lauch- und Zwiebelringe, Möhren), mediterrane Kräuter.

ENERGIEAUFWAND An der Luft keiner, eventuell für einen Dörrautomaten. Das Trocknen über mehrere Stunden im Ofen bei offener Tür erfordert sehr viel Energie und steht meist in keiner Relation zum Endprodukt. Kräuter immer kühl und schattig mit ausreichender Luftzirkulation trocknen. Zur Lagerung ist keine Energie nötig.

HALTBARKEIT Mehrere Monate.

SO GEHT'S Auch schrumpelige Äpfel eignen sich noch gut für Apfelchips: evtl. Kernhaus entfernen, in 3 mm dicke Scheiben schneiden, auf ein Kuchen- oder Ofengitter legen oder auf Holzstäbchen auffädeln und trocknen lassen.

EINLEGEN

GEEIGNET FÜR frisches Obst und Gemüse. Das Obst und Gemüse wird zum Teil nicht gekocht, deshalb unbedingt auf Frische und Sauberkeit achten, es muss unbeschädigt sein und darf keine Druckstellen aufweisen.

ENERGIEAUFWAND Sterilisieren der Gläser, eventuell den Sud erhitzen. Zur Lagerung ist kein Energieaufwand nötig.

HALTBARKEIT Wochen bis Monate.

SO GEHT'S In Essig, Öl, Salz, Zucker oder Alkohol. Bohnen müssen vorher gekocht werden. Kurze Kochzeit von einigen Minuten bei hartem Gemüse wie bunte Bete, Karotten, Kürbis und Sellerie. Wässriges Gemüse wie Gurken und Zucchini einige Stunden salzen, das entzieht das Wasser und erhöht die Haltbarkeit. Mit einem erhitzten Sud übergießen.

EINMACHEN UND CO.

GEEIGNET FÜR frisches Obst und Gemüse außer Blattsalate.

ENERGIEAUFWAND Für die Sterilisation der Gläser und zum Erhitzen. Beschädigte Deckel oder Gummis dichten nicht gut ab und der Inhalt verdirbt schnell, deshalb vorher kontrollieren. Beim Abkühlen zieht sich der Inhalt zusammen und der Deckel macht „klick“. Vor dem Einlagern immer kontrollieren, ob jeder Deckel angesaugt ist. Wenn doch mal ein Glas nicht dicht ist, einfach als Erstes verzehren. Zur Lagerung kein Energieaufwand nötig.

HALTBARKEIT Monate bis Jahre.

SO GEHT'S Zum Einwecken Gemüse oder Obst in Gläser füllen und mit heißem Sud auffüllen. Die Gläser werden verschlossen und im Weckautomaten oder Backofen erhitzt. Tomatensoßen, Apfelkompott und Marmeladen können eingemacht, d. h. heiß abgefüllt werden.

EINFRIEREN

GEEIGNET FÜR Obst (vorher entsteinen!) und Gemüse. Ausnahme: Karotten werden „gummrig" und wasserhaltiges Gemüse wie Zucchini wird matschig. Einfrieren in Gläsern statt Plastik funktioniert sehr gut. Bei Flüssigkeiten das Gefäß nicht bis zum Rand füllen, denn die Wasserausdehnung würde das Glas sprengen, deshalb ungefähr ein Fünftel Luft lassen.

ENERGIEAUFWAND Während der kompletten Lagerdauer.

HALTBARKEIT Wochen bis Monate.

SO GEHT'S Klein geschnittene Gemüsereste können im Gefrierschrank gesammelt und eingefroren werden und sind gleich zur Hand für den nächsten Suppentopf. Sinnvoll ist es, die Reste vor dem Kochen mindestens eine Stunde vorher im Kühlschrank aufzutauen, denn das spart zweimal Energie. Der Kühlschrank bekommt Kühlhilfe und der Herd benötigt weniger Energie, um das Gefrorene aufzutauen.

FERMENTIEREN

GEEIGNET FÜR festes Gemüse, zum Beispiel Kohl, Wurzelgemüse, Rote Bete, Kürbis, Gurken, Paprika oder Knoblauch.

ENERGIEAUFWAND Sterilisieren der Gläser. Um die Fermentation zu verlangsamen, die geschlossenen Gläser in den Kühlschrank stellen. Je länger der Fermentationsprozess dauert, desto geschmacksintensiver wird das Gemüse. Das Gemüse wird durch die Fermentation gut verdaulich und liefert Vitamin C. Es ist kein weiterer Energieaufwand zur Lagerung nötig.

HALTBARKEIT Einige Wochen bis sechs Monate.

BEISPIEL Gemüse waschen, in kleine Stücke/Streifen schneiden, Gemüse zusammenpressen bis Saft austritt, Gewürze und Ferment hinzugeben. Fest in Einmachgläser drücken, mit einem Gewicht beschweren und mit Wasser auffüllen, bis das Gemüse bedeckt ist. Ein bis fünf Wochen an einen kühlen und dunklen Ort stellen.

UNSERE IMMATERIELLEN RESSOURCEN

SELBST ANGEBAUT UND GEERNTET

Was kann es Schöneres geben, als den Lohn der eigenen Arbeit – Gemüse und Obst – selbst zu ernten und zu essen?

Oase der Zufrieden-heit

Entspannen und Kraft tanken im Garten

Wenn es um Ressourcen geht, denken wir häufig an materielle Dinge, die gebraucht und verbraucht werden. Aber was ist mit den Ressourcen, die man nicht anfassen kann wie Zeit, Gemeinschaft, Glück oder Gesundheit?

Warum haben wir einen eigenen Garten oder begrünen unseren Balkon? Die wenigsten Menschen antworten: Damit ich mich komplett selbstversorgen kann. Häufigere Antworten sind: Es macht mir Spaß, ich mag Blumen und Bäume, ich möchte ein bisschen Gemüse und Obst anbauen, ich möchte wissen, woher mein Essen stammt, ich habe gern Erde an den Händen, für meine Kinder, als Entspannungsort oder weil es einfach schön ist und guttut. Der Garten ist das Gegenteil der Konsumwelt. Hier sind Arbeitseinsatz und Ergebnis eng miteinander verbunden. Garten und Balkon können wir zwar gestalten und pflegen, aber wachsen tut bzw. muss es von selbst.
Wir können immer wieder das Wunder beobachten, wie aus einem kleinen unscheinbaren Samen eine komplette Pflanze mit Blättern, Ästen, Blüten und Früchten aus der braunen Erde wächst. Oder das Beeindruckende der Jahreszeiten erleben, wenn im Frühjahr alles wieder erwacht und das erste Grün hervorspitzt. Im Sommer freuen wir uns über die Fülle und Intensität der vielfältigen Formen und Farben, die Insekten und Vögel schwirren umher und im Herbst färben sich die Blätter, die Pflanzen ziehen sich zurück, um über die Winterzeit unscheinbar und still zu ruhen. Der Garten macht eine Pause, etwas, das wir in der beschleunigten Zeit oft vermissen. Eine Pause, Ruhe und Stille. Und dann fängt alles mit neuer Kraft wieder von vorn an.

„My home is my castle – my garden is my paradise.“

Manuela Gaßner

GÄRTNERN IST KULTUR

„Wissen und Praktiken im Umgang mit der Natur“ ist eine Kategorie im immateriellen Kulturerbe der UNESCO. Anerkannt wurden beispielsweise:

- Streuobstwiesen als artenreiche Biotope (2021)
- Baumfelderwirtschaft und traditionelle Dörrobstherstellung im Steigerwald (2018)
- Anlage und Pflege von Flechthecken im Raum Nieheim (2018)

Wertvolle Zeit

Zeit lässt sich nicht speichern, sie vergeht einfach. Ob die Zeit gut, schlecht, rasend oder zäh verläuft, hängt vom subjektiven Empfinden und der eigenen Situation ab. Sicher ist aber, die Zeit lässt sich nicht zurückdrehen, deshalb sollten wir sie sinnvoll gestalten.

1

Auch im Garten greift das Optimieren um sich. Teilweise sind die Entwicklungen durchaus gut und angenehm. Aber warum muss alles schneller und effektiver werden? Ist Zeit Geld? Jein! Ja, denn mit der Lebenszeit als Arbeitszeit kann Geld verdient werden, und nein, denn mit Geld kann Zeit nicht mehr zurückgekauft werden.
Die Zeit im eigenen Garten oder auf dem eigenen Balkon sollte im optimalen Fall eine Genusszeit sein. Hier entspannen wir uns vom Alltag und verbringen unsere Freizeit. Es ist ein Ausgleich zu stundenlangen sitzenden Tätigkeiten. Einige finden Entspannung in der Gartenarbeit, egal wie anstrengend sie ist. Vielleicht liegt es daran, dass Gartenarbeit uns erdet und mit der Natur verbindet. Die Natur benötigt Zeit und oft können wir die natürlichen Prozesse nicht aktiv beschleunigen. Dieser Gegensatz zu unserem technisierten Alltag kann sehr angenehm sein.

ZEIT SPAREN IM GARTEN?

Es kann durchaus sinnvoll sein, bestimmte Gartenarbeiten zu beschleunigen. Beispielsweise Arbeiten, die man nicht gern verrichtet. Es gibt diverse technische Hilfsmittel wie Bewässerungsanlagen, Planungshilfen oder elektrische Geräte. Ob elektrische Geräte in der Summe auch ressourcensparend sind, legt den Fokus von Zeitersparnis auf Nachhaltigkeit. Ökologisches und ressourcenschonendes Gärtnern spart meist automatisch Zeit. Ein bedeckter Boden reduziert zum Beispiel Verdunstungsverluste und somit häufiges Gießen. Blühwiesen müssen seltener gemäht werden. Kompostieren, Upcycling und eigenes Saatgut sparen den Weg, die Zeit und das Geld zum Einkaufen. Mehrjährige und standortgerechte Bepflanzungen oder Selbstaussaaten sind pflegeleicht. Und: Zeit kann gespart werden, wenn gemeinsam im Garten gearbeitet und die Arbeit geteilt wird. Wer bestimmte Arbeiten gern erledigt, kann auch anderen seine Hilfe anbieten und somit die Zeit von jemand anderen sparen, mit einer Tätigkeit, die einem selbst Spaß bereitet.

Weniger ist mehr

Weniger gießen: Dank Bodenverbesserung und standortgerechter sowie trockenheitsverträglicher Bepflanzung muss seltener gegossen werden. Bei jedem Mal Gießen ist

darauf zu achten, reichlich, aber dafür weniger oft zu gießen. Rasen mit mehr tiefwurzelndem Klee, Löwenzahn und Gänseblümchen statt Gras benötigt weniger Wasser.
Weniger Rasenmähen: Wer Blühwiesen anlegt, muss seltener zum Rasenmäher greifen. Und die Insekten haben auch noch etwas davon!
Weniger Unkraut jäten: Pflanze Bodendecker und wähle dicht wachsende, standortgerechte Pflanzen. Wenn du dann noch den Boden mulchst, ist die meiste Arbeit schon getan. Beim Jäten selbst ist darauf zu achten, vor der Samenbildung zu jäten und die unerwünschten Kräuter nicht oberflächlich, sondern mitsamt den Wurzeln zu entfernen.

2

1. Durchatmen, die Ruhe und das Leben genießen – der Garten ist ein schönes Plätzchen dafür.

2. Gärtnern ist keine Fließbandarbeit – Pausen sind immer möglich.

In der Natur regeln die Jahreszeiten den Verlauf und keine sekundengenaue Uhr.

DAS SINNVOLLE AN DER GARTENZEIT

Die Zeit sinnvoll zu verbringen ist ein wichtiger Aspekt für ein gelungenes Leben. Nicht immer haben wir dieses Gefühl, aber Gartenarbeit hat ein großes Potenzial für Sinnhaftigkeit. Zum einen schafft sie eine Verbindung zwischen Mensch und Natur, wirkt somit der Entfremdung von Natur und Lebensmittelproduktion entgegen. Und zum anderen haben Garten und Balkon einen hohen Erholungswert und bieten einen schönen Platz für Familie und Freunde. Wer Gemüse und Obst anbaut, erhöht seinen Selbstversorgungsgrad, reduziert Transportemissionen und verschafft sich ein bisschen Autonomie. Außerdem ist der ökologische und ressourcenschonende Garten gut für die Umwelt und schafft Lebensraum für Tiere wie Insekten und die unterschiedlichsten Pflanzen – ein sinnvoller Beitrag zum Schutz der Artenvielfalt. Lebenslanges Lernen wird oft als Must-Have-Eigenschaft in der Arbeitswelt bezeichnet. Gärtnerinnen und Gärtner lernen das ganze Leben, denn jede Pflanze, jeder Boden, jede Jahreszeit und jedes Jahr sind anders. Der Klimawandel im eigenen Garten ist über die Jahre spürbar. Das erhöht das Bewusstsein für die Veränderungen und konkretisiert die Notwendigkeit eines nachhaltigen Lebens und Wirtschaftens. Die Zeit im Garten ist somit keine verlorene Zeit, sondern sinnvoll gefüllt.

WARUM DIE ZEIT IMMER SCHNELLER VERGEHT

Obwohl die Zeit immer gleich schnell läuft, wundert man sich, warum das subjektive Gefühl der Beschleunigung immer intensiver wird. Das individuelle Zeitgefühl orientiert sich an Veränderungen und heute sind wir weit mehr Veränderungen ausgesetzt als noch vor einigen Jahrzehnten. Auch der ständige Zugriff auf das Internet ist ein wichtiger Faktor. Egal wo wir sind und wie spät es ist, wir können immer noch mehr Informationen und Ablenkungen konsumieren. Die Zeiten der Langeweile sind passé. Wobei Langeweile die Zeit gefühlt dehnt, denn nichts geschieht, nichts verändert sich.

Die Technik sollte uns eigentlich Zeit sparen, aber das tut sie nicht, solange wir die gewonnene Zeit mit noch mehr Dingen und Projekten vollstopfen. Am Ende haben wir viel getan und erlebt, aber es sind nie alle Optionen erledigt. Es gibt noch so viel mehr zu tun.

DIE FREUDE AM NICHTSTUN

Im Garten findet sich natürlich immer etwas zu tun, aber man kann auch einfach mal nichts tun – nur beobachten und genießen. Ist das überhaupt erlaubt in Zeiten von Effektivitätssteigerung, Arbeitsoptimierung, Selbstdarstellung in den sozialen Medien und übermäßiger Freizeitangebote? Auch nicht auf einen Bildschirm zu starren und keine Awareness- oder Achtsamkeitsübungen einfließen zu lassen? Und dabei auch noch Freude zu empfinden! Theoretisch ja, aber praktisch benötigt man dazu meist auch Mut, Muse und Motivation. Zwischendrin Freude am Nichtstun zu genießen, ist nicht zu verwechseln mit Faulheit. Faulheit bezeichnet, sich aus der Verantwortung zu ziehen und sich seinen privaten und gesellschaftlichen Aufgaben zu entziehen – oft auf Kosten anderer. Gelegentliches Nichtstun mit Freude ist hingegen das, was jeder Mensch zwischendrin für sich benötigt, um Kraft zu tanken und zur Ruhe zu kommen.

Wertvolle Gemeinschaft – Du und ich sind wir

Was zählt im Leben? Neben Luft, Wasser, Nahrung, Kleidung und einem Dach über dem Kopf? Auch wenn alle diese Ressourcen im Überfluss vorhanden sind – sind wir trotzdem nicht glücklich, wenn wir nicht in einer guten Gemeinschaft leben.

Mein Garten ist dein Garten.

Beziehungen können als nützliche Ressource bezeichnet und behandelt werden. Im Garten kann ich über Jahre hinweg, bis auf ein freundliches Grüßen, keinen Kontakt mit meinen Nachbarn pflegen. Ich muss niemanden fragen, denn theoretisch ist vieles in Gartenbüchern und im Internet nachlesbar. Ich muss niemanden um ein Gartengerät bitten, ich kann alles kaufen oder im Baumarkt leihen. Niemand zwingt mich, meine Nachbarn zu bitten, ob sie im Urlaub meine Tomaten gießen. Ein automatisches Bewässerungssystem tut's auch, ohne dass ich mich nach dem Urlaub dafür bedanken muss. Der Garten ist ein Privatbereich für geladene Gäste. Aber es gibt auch andere Möglichkeiten, Zeit im Garten zu verbringen – in unterschiedlichen Gemeinschaftsformen, mit unterschiedlichen Generationen und sozialen Herkünften.

PRIVATGÄRTEN

Als Privatgarten wird ein Garten im privaten Eigentum bezeichnet. Vor allem in den Städten besitzen nur wenige einen privaten Garten am Haus oder ein Freizeitgrundstück – eine Fläche ohne vertragliche Vereins- oder Gemeinschaftsbindung. Man kann theoretisch tun und lassen, was man will, solange man sich an die gesetzlichen Vorgaben der kommunalen Flächennutzung, Abstandsregelungen und Ruhezeiten hält. Der Garten ist eine räumliche Erweiterung des Wohnraums und kann schnell und ohne lange Wege genutzt werden. Die Gestaltungsfreiheit ist hier am höchsten, es gibt in der Regel keinen „Nutzungs- oder Gestaltungsrahmen" – das bedeutet natürlich auch unendlich viele Möglichkeiten, für oder gegen die man sich entscheiden kann. Sogar blickdichte, wintergrüne Thujahecken können ge-

Schrebergärten sind urbane Oasen der Biodiversität und Gemeinschaft.

„Mehr verteilen ist fair teilen!“

Manuela Gaßner

pflanzt werden, was im Schrebergarten nicht erlaubt ist. Das Gemeinschaftsleben im Privatgarten ergibt sich somit aus der direkten Nachbarschaft. Die Möglichkeit eines Zaungesprächs besteht theoretisch 24/7, die Kontakte sind spontaner und auch weniger planbar als im Schrebergarten.

SCHREBERGÄRTEN

Hatten Schrebergärten in der Vergangenheit einen etwas altbackenen Anstrich, sind sie heute gefragte Stadtoasen für Familien und Menschen aller Altersgruppen. Sie feiern aktuell eine Renaissance der Begehrlichkeit. Das ist erstaunlich, denn seinen Ursprung hat der Schrebergarten in den städtischen Armenvierteln zu Beginn des 19. Jahrhunderts. Wohlhabende Grundbesitzer stellten der armen Bevölkerung Flächen zur Verfügung, um sich selbst aus dem Hunger mittels Selbstversorgung zu befreien. Auch nach den beiden Weltkriegen wurden der kriegsgebeutelten Bevölkerung Flächen gestellt, um sich mitten in der Zerstörung mit Lebensmitteln versorgen zu können. Die Gärten retteten dadurch zahlreiche Menschen vor Mangelernährung und Hungertod. Sie waren ein Ort der Hoffnung und die Basis für ein besseres Leben. Mit dem steigenden Wohlstand sind einige Armengärten verschwunden, andere verwandelten sich in Schrebergartenanlagen. Der Schrebergarten dient nun nicht mehr allein der Selbstversorgung, sondern auch als Freizeit-, Kultur-, Bildungs- und Verwirklichungsort. Seit der verstärkten Urbanisierung und den Folgen der Umweltzerstörung zeigt sich auch immer mehr der ökologische Nutzen, als urbane Inseln der Biodiversität, Luftreinigung, Lärmreduktion und Temperaturregulierung. Eine Schrebergartenanlage ist etwas anderes als eine Wohnanlage. Das Leben spielt sich draußen ab, die Grenzen sind keine undurchsichtigen und geräuschreduzierenden Betonwände, sondern transparente und hellhörige Zäune oder Hecken. Man ist mittendrin in der Nachbarschaft. Es gibt die Möglichkeit, sich aktiv in die Verbandsarbeit einzubringen oder an gemeinschaftlich organisierten Workshops und Festen teilzunehmen.

GEMEINSCHAFTSGÄRTEN UND SOLIDARISCHE LANDWIRTSCHAFT

Das Potenzial, aber auch die Herausforderung der Gemeinschaftsgärten und einer solidarischen Landwirtschaft ist die Gemeinschaft. Beide legen den Fokus nicht auf reine ökonomische Gewinnmaximierung. Der Gemeinschaftsgarten erwirtschaftet überhaupt keinen monetären Gewinn. Bei einer guten Organisation mit motivierten und teamfähigen Menschen liefert er Ernte von allen für

alle und erzeugt ein enges Gemeinschaftsgefühl. Interkulturelle Gärten und Schulgärten zählen ebenso dazu. Sie leisten einen nicht zu unterschätzenden integrativen Beitrag zur Gemeinschaftsbildung und fördern Sozial- und Alltagskompetenzen.
Die solidarische Landwirtschaft (SoLawi) ist auf finanziellen Gewinn angewiesen, denn sie finanziert in der Regel auch Arbeitsplätze. Das Solidarische ist, die Gewinne und Verluste gerecht und fair zu teilen und Ernteverluste gemeinsam durchzustehen. Und wenn es nötig ist, auch mal einzuspringen und auf dem Feld zu helfen. Dafür gibt es ein demokratisches Mitspracherecht bei der Anbauplanung. Jeder weiß, woher das Essen stammt – die vielerorts geforderte Transparenz der Lebensmittelkette. Die Mitgliedschaft ist mindestens auf ein Jahr ausgelegt, mit festen wöchentlichen Abnahmen und Preisen. Im optimalen Fall ist solidarische Landwirtschaft gelebte Fairness und Ökologie, wo Geld nur ein Mittel zum Zweck und nicht Zweck allein ist – ein angemessenes und gerechtes Tauschmittel und kein Spekulationsobjekt, um einige wenige noch reicher zu machen. In dieser Form der Gemeinwohl-Ökonomie verliert sich die Anonymität zwischen Erzeuger und Verbraucher, das Du wird großgeschrieben und noch wichtiger das Wir-Gefühl.

ACKERPARZELLEN

Eine fruchtbare Verbindung aus Garteninteressenten und Landwirtschaft stellen die Ackerparzellen dar. Sie sind ausschließlich für die Selbstversorgung mit Obst und Gemüse und beinhalten in der Regel keine dauerhaft und individuelle Gartengestaltung mit Blumenrabatten, Zierhecken oder Rasenflächen. Die Parzellen können direkt bei den Landwirtinnen oder Landwirten oder über ein

Kein eigener Garten? Auch Ackerparzellen und Solidarische Landwirtschaft bieten vielfältige Möglichkeiten des Gemüsegärtnerns.

Gartengeräte, die man nur ein- oder zweimal im Jahr braucht, kann man sich auch in Baumärkten leihen oder mit Nachbarn teilen.

Zwischenunternehmen für eine Saison gemietet werden. Geräte werden gestellt. Mancherorts sind die Flächen fertig ausgesät und bepflanzt, man pflegt sie selbstverantwortlich bis zur Ernte. Teilweise besteht die Möglichkeit, auch unbepflanzte Flächen zu mieten. Ganz konkret und ohne Ablenkung kann man sich seiner Selbstversorgung widmen, ohne zusätzliche Arbeiten wie Rasenmähen oder Heckenschneiden. Anders als bei Privat- oder Schrebergärten kann man sich jedes Jahr neu entscheiden, die Ackergrößen sind variabel und im Winter ist Ruhezeit. Die Gemeinschaft hat die gleichen Anliegen und trifft sich zur und bei der Arbeit.

GLÜCKLICH MIT TAUSCHEN UND LEIHEN

Muss man alles selbst haben? Wir besitzen so viele materielle Dinge wie keine Generation vor und möglicherweise auch keine Generation nach uns. Sind wir deshalb glücklicher? Finanzieller Wohlstand und die Menge materieller Besitztümer korrelieren meist. Je höher der finanzielle Wohlstand, desto mehr wird gekauft, verbraucht und weggeworfen. Die Bestrebungen zur Erhöhung des Wohlstands waren zu Zeiten der ersten Armen- und Schrebergärten nach dem Krieg eine Notwendigkeit, um die Grundsicherung der Bevölkerung zu gewährleisten. Irgendwann ist ein Maximum erreicht, noch mehr Besitz und Geld machen nicht glücklicher. Wer einen kleinen Garten hat, sich einen etwas Größeren wünscht und auch bekommt, fühlt sich sicherlich um einiges glücklicher. Aber ob dieser Zuwachs an Glück auch gegeben ist, wenn man sich Hektar für Hektar aneignet, bis man schließlich keinen Überblick mehr hat, ist fraglich. Auch ob die dritte Heckenschere noch so viel Glück und Freude erzeugt wie die erste sei dahingestellt. Der Homo oeconomicus als Nutzenmaximierer, der ausschließlich nach wirtschaftlichen Vorteilen handelt, ist irgendwann ausgelaugt und einsam. Um ressourcenschonend zu gärtnern ist es sicherlich nicht sinnvoll, jedes Werkzeug, das nur einmal pro Jahr genutzt wird, selbst zu besitzen oder nie zu verleihen. Weniger besitzen, weniger konsumieren und mehr fair teilen sind die Paradigmen der Gemeinwohl-Ökonomie, Postwachstum- und Degrowth Bewegungen. Tauschen und Leihen sind somit gute Möglichkeiten, sich ein bisschen vom Materiellen zu lösen und das immaterielle Gut des Vertrauens und der Großzügigkeit aufzubauen. Neben Geräten können auch Saatgut, Pflanzen und ein Päckchen selbst angebauter Tee getauscht werden.

Wertvolle Ökologie

Ökologie und Ökosysteme haben meistens keinen konkreten Geldwert. Was kostet ein 200-jähriger Baum, was ein Hektar Moor oder ein Quadratkilometer Regenwald? Ist der Verlust mit Geld zu ersetzen?

Häufig gilt das Motto „Was nichts kostet, ist nichts wert". Wenn das ökonomische Interesse an einer Straße oder an Futtermitteln hoch ist, dann ist das Ökosystem wertlos oder ersetzbar. Ersetzbar mit Ausgleichszahlungen, Ausgleichsflächen oder der Hoffnung auf neue Technologien, die Bodendegradation sowie Klimawandel rückgängig machen und Biodiversität (in ferner Zukunft) wiederherstellen können. Um die Wertigkeit von Ökosystemen darzustellen, wird mit großen Mühen versucht, in der Sprache der Ökonomie zu überzeugen – Zahlen werden aufgeführt, so und so viele Insekten werden getötet, so und so viele Megatonnen CO_2 bindet der Regenwald oder Permafrostboden. Ökosysteme werden in Zahlen greifbar, aber Ökosysteme sind mehr als Zahlen, sie gehören auch zu den immateriellen Ressourcen.
Den Wert eines ökologischen Gartens könnte man bestimmen, indem alle finanziellen Ausgaben in eine Liste eingetragen und dann die Summe in Euro dargestellt wird. Wie werden dann Pflanzen berechnet, die aus eigenem Saatgut gezogen wurden? Gut, dann erstellen wir noch eine Liste mit Arbeitszeit und verrechnen die Summe mit einem fiktiven Stundenlohn. Ist das dann der Wert des Gartens? Sicherlich nicht, denn Wertigkeit setzt sich nicht allein aus finanziellen Ausgaben und Stundenlöhnen zusammen, sondern der Garten hat einen ökologischen, sozialen, kulturellen und ästhetischen Wert. Alles Parameter, die mit Geld nicht darstellbar oder zu kaufen sind. Das Ökosystem Garten ist gewöhnlich kein Ort, an dem monetärer Gewinn gemacht wird, oft fließt sogar mehr Geld und Zeit rein, als wieder auf dem Konto landet. Warum kümmern wir uns also so intensiv um den Garten und haben ein Interesse an ökologischem und ressourcenschonendem Gärtnern? Vielleicht weil das Unbezahlbare, die ökologische Vielfalt und die Freude daran ein immaterielles Gut für uns darstellen und genau das für viele Menschen untrennbar mit einem guten Leben verbunden ist.

„Achtsamkeit bedeutet, behutsam sein mit sich selbst und allen Geschöpfen dieser Erde."

Roswitha Bloch, deutsche Lyrikerin
(www.roswithabloch.de)

Wertvolle Gesundheit

Durch den medizinischen Fortschritt hat sich die durchschnittliche Lebenszeit massiv verlängert. Aber es geht nicht nur um ein möglichst langes Leben, sondern auch darum, dieses Leben lange gesund und glücklich zu verbringen.

1

Die eigene Gesundheit ist unbezahlbar und gilt als hohes Gut. Oft kommt die Wertschätzung erst, wenn man selbst oder geliebte Mitmenschen erkranken. In unserer leistungsorientierten Gesellschaft treten immer mehr psychische Krankheiten wie Burn-out oder Depressionen auf. Der Grund liegt an der Überlastung, dem Spagat zwischen Familie und Beruf, den hohen Anforderungen an Anpassung, dem Mithalten-Müssen in einer immer beschleunigteren Zeit, der Anonymität und dem Verlust des Gemeinschaftsgefühls. Hinzu kommen körperliche Beschwerden als Folge sitzender Tätigkeiten und ungesunder Ernährung.

SIND MENSCHEN MIT EINEM GARTEN GESÜNDER?

Inzwischen gibt es internationale Studien, die das belegen. Menschen, die sich regelmäßig im Garten körperlich betätigen und sich gesund ernähren, sind fitter und weniger krank. Aber auch die Auswirkungen der Gartenarbeit auf die Psyche sind nicht zu unterschätzen. Nicht umsonst gibt es Entspannungs- und Therapieangebote kombiniert mit Natur- und Gartenarbeit. Bewegung an der frischen Luft ist gut für unsere Lungen und stärkt das Immunsystem. Zeit an der Sonne fördert die Vitamin-D-Bildung und wirkt sich positiv auf Knochen, Zähne, Muskeln und das Immunsystem aus. Wer eigenes Gemüse und Obst anbaut, hat in der Regel auch außerhalb der eigenen Ernte ein hohes Interesse an frischen regionalen und saisonalen Zutaten. Gartenarbeit erdet und baut Stress ab. Im Vergleich zur Computerarbeit, ist am Ende des Tages ein Ergebnis sichtbar, Erfolgserlebnisse stellen sich ein, die Arbeit hat einen Sinn, es ist ausgesät, gegossen und Unkraut gejätet. Die selbst ausgesäten Tomaten können geerntet und gegessen werden – man erfreut sich daran und ist stolz darauf.

Gärtnern ist also nicht nur gut für die körperliche, sondern auch die geistige Gesund-

„Sag mir, was du isst, und ich sage dir, wer du bist.“

Jean Anthelme Brillat-Savarin, französischer Gastrosoph

Frische Luft – gute Laune

heit und eine sinnvolle „Investition" in uns selbst. Ökologisches, ressourcenschonendes und soziales Gärtnern ist zusätzlich gut für die Umwelt und die Gemeinschaft und somit ebenfalls eine sinnvolle „Investition" in die Gegenwart und Zukunft.

BIO, SAISONAL & REGIONAL

Biologisches, saisonales und regionales Obst und Gemüse sind umweltschonender, verursachen weniger Verschmutzungen und Transportemissionen und enthalten weniger Pestizidrückstände. Da nicht alles ständig verfügbar ist, stellt sich automatisch eine Vielfalt über das Jahr ein. Wer saisonal aus dem eigenen Garten erntet, kocht automatisch mit frischen Zutaten und weiß, was drin ist. Saisonale Produkte liefern genau das, was der Körper zu dieser Jahreszeit benötigt. Im Frühjahr gibt es viel grünes, vitaminreiches Gemüse, was wir nach der langen Dunkelphase benötigen. Gurken, Tomaten und Beeren – mit hohem Wassergehalt – stillen im Sommer gesund unseren Durst. Für die kalte Herbst- und Winterzeit stehen wieder vitamin- und mineralstoffreiche Kohl-Arten, Kürbis, Kartoffeln und Lagerobst zur Verfügung. Grünkohl, die Palme des Nordens, wird beispielsweise erst im Spätherbst und über den Winter richtig gut und liefert mehr Vitamin C als importierte Zitronen (siehe S. 169).
Saisonal impliziert auch regional. Die ständige Verfügbarkeit von allem ist inzwischen ein unbeachteter Luxus geworden – wie schön ist es hingegen, sich wieder richtig auf die Erdbeer-, Apfel- und Kürbiszeit zu freuen. Im eigenen Garten kann Obst und Gemüse genau zum richtigen Zeitpunkt geerntet werden, was sich positiv auf die Inhaltsstoffe und den Geschmack auswirkt. Die Früchte sind optimal reif und haben das Maximum an Sonne genossen. Wie lecker schmeckt eine sonnengereifte Tomate oder Erdbeere, die auf Geschmack und nicht auf Transportfähigkeit gezüchtet wurde, und ein

2

1. Bewegung an der frischen Luft und der Kontakt mit Erde, Pflanzen und Tieren fördern die Gesundheit und machen glücklich.
2. Wintergemüse hat viele Vitamine und Mineralstoffe.

BRENNEND GUT
Brennnesseln sind Alleskönner: Vitamin-C-Lieferanten, Stickstoffdünger und Futterpflanze für Schmetterlingsraupen.

VITAMIN-C-GEHALT IN MG PRO 100 G

Gesunde Basis: bis 100
- 34 Stachelbeeren
- 36 Rote Johannisbeeren
- 65 Erdbeeren
- 100 Rosenkohl

Noch besser: zwischen 100 und 300
- 110 Grünkohl und Brokkoli
- 150 Bärlauch
- 160 Petersilie
- 180 Schwarze Johannisbeere

Die Top-Lieferanten: ab 300
- 300 Brennnesseln
- 400 bis 850 Sanddorn
- 500 bis über 1000 Hagebutten

Im Vergleich dazu haben importierte Zitronen und Orangen nur rund 50 mg Vitamin C pro 100 g.

frischer knackiger Blattsalat, der direkt in die Salatschüssel geschnitten wird.
Im eigenen Garten hat man freie Saatgutwahl und kann auf alte Sorten zurückgreifen. Sorten, die nicht mehr am Markt oder im Handel angeboten werden, erhöhen nochmals die Vielfalt und Variabilität im Speiseplan.

KÖRPERLICHE AKTIVITÄT

Wer täglich am Bildschirm sitzt, kann die Gartenarbeit wunderbar als Ausgleich nutzen. Denn sitzende Arbeiten machen unbeweglich und verbrauchen nur 100 kcal pro Stunde. Wie viel Kalorien man während der Gartenarbeit verbraucht, hängt von der Person und der Arbeit ab. Ohne elektrische Geräte verbraucht man mehr. Beispielsweise verbrennt eine Stunde Handrasenmähen 400 bis 500 kcal und Hecken schneiden 200 bis 300 kcal, mit elektrischer Hilfe jeweils 100 kcal weniger. Unkraut jäten benötigt ca. 300 kcal und mit der Gießkanne zu bewässern verbraucht mehr Kalorien, als mit dem Schlauch zu gießen. Umgraben verbrennt natürlich sehr viele Kalorien (bis zu 550 kcal), für die Bodengesundheit ist es aber besser, nicht umzugraben. Eine Alternative ist schnell gefunden: den Kompost umsetzen.
Gartenarbeit beansprucht unterschiedliche Muskelgruppen und fördert die Flexibilität. Auf die richtige Haltung sollte dabei geachtet werden. Das bedeutet schwere Kisten, Gießkannen oder Töpfe aus den Beinen mit geradem Rücken heben. Töpfe und Kisten am endgültigen Standort befüllen, so erübrigt sich das schwere Schleppen. Bei besonders schweren Töpfen lohnen sich Rollbretter zum Transport. Um einseitige Belastung zu vermeiden, Pausen machen oder die Tätigkeit ändern. Bei knienden Arbeiten tut eine kleine Matte oder ein zusammengerolltes Handtuch unter den Knien gut – egal wie alt man ist. Grundsätzlich gilt es, immer mit geradem Rücken zu arbeiten, Gartenarbeit soll keine „Buckelarbeit“ sein. Und an heißen Tagen genügend trinken und zwischendurch frisches Gemüse oder Obst naschen.

Hagebutten, ein schöner Herbstschmuck mit viel Vitamin C, sind genau zur richtigen Zeit reif.

Service

INTERESSANTE UND NÜTZLICHE LINKS

Allgemein

- Bund für Umwelt und Naturschutz: www.bund.net
- Bundesministerium für Ernährung und Landwirtschaft, www.bmel.de
- Bundesministerium für Umwelt, Naturschutz und nukleare Sicherheit: www.bmuv.de
- Deutsche Umwelthilfe e. V.: www.duh.de
- Earth over shoot day: www.footprintnetwork.org
- Food and Agriculture Organization: www.fao.org
- Gemeinschaftsgärten, urbane und interkulturelle Gärten, Repair Cafés: www.anstiftung.de
- Kreislaufwirtschaftsgesetz (KrWG): www.bmuv.de/gesetz/kreislaufwirtschaftsgesetz
- Nachhaltigkeitsstrategie, Ministerium für Umwelt, Klima und Energiewirtschaft Baden-Württemberg: www.nachhaltigkeitsstrategie.de
- Nachhaltigkeitsziele der UN, Sustainable Development Goals: www.sdgs.un.org/goals
- Naturschutzbund Deutschland: www.nabu.de
- Permafrost: www.nationalgeografic.org/Permafrost
- Umweltbundesamt: www.umweltbundesamt.de
- Verbraucherschutzzentralen: www.verbraucher-zentrale.de
- Weltacker, Zukunftsstiftung Landwirtschaft: www.2000m2.eu/de

Erde

- Bioabfälle: www.umweltbundesamt.de/daten/ressourcen-abfall/verwertung-entsorgung-ausge-waehlter-abfallarten/bioabfaelle
- Bodenatlas der Bundesanstalt für Geowissenschaften und Rohstoffe: www.bodenatlas.de
- Bodenatlas der Heinrich Böll Stiftung: www.boell.de/de/bodenatlas
- Einkaufsführer für torffreie Erden: BUND, online-pdf
- Torf und alternative Substratausgangsstoffe: www.lbv-muenchen.de/unsere-themen/naturnah-gaertnern/gaertnern-ohne-torf/gaertnern-ohne-torf-einzelansicht/tx_ttnews/torf-moor-in-zahlen.html

Pflanzen

- Mundraub, Obst, Gemüse, Nüsse und Kräuter auf öffentlichen Flächen: www.mundraub.org
- Nützlinge: www.nabu.de/umwelt-und-ressourcen/oekologisch-leben/balkon-und-garten/pflege/pflanzen-schutz/nuetzlinge/index.html

Wasser

- Arzneimittel: www.umweltbundesamt.de/themen/chemikalien/arzneimittel
- Chemikalien aus Wasch- und Reinigungsmitteln: www.umweltbundesamt.de/themen/chemikalien/wasch-reinigungsmittel
- Gewässereutrophierung: www.umweltbundesamt.de/themen/wasser/gewaesser/meere/nutzung-belastun-gen/eutrophierung#eutrophierung-was-bedeutet-das
- Trinkwasserverordnung, Bundesamt für Justiz – Gesetze/Verordnungen – TrinkwV: www.geset-ze-im-internet.de
- Virtueller Wasserfußabdruck: www.virtuelles-wasser.de/www.waterfoodprint.org
- Wasserfußabdruck von Deutschland: www.umwelt-bundesamt.de/themen/wasser/wasser-bewirtschaften/wasserfussabdruck

Luft

- Bundes-Immissionsschutzgesetz (BImSchG), Gesetz zum Schutz vor schädlichen Immissionen
- Karlsruher Institut für Technologie „Grüne Wände" gegen Luftverschmutzung: www.kit.edu/kit/pi_2012_11634.php
- Temperaturabsenkung durch begrünte Dächer: www.verbraucherzentrale.nrw/www.staedtebauliche-klimafibel.de
- Umweltbelastung durch die Landwirtschaft: www.umweltbundesamt.de/themen/boden-landwirt-

schaft/umweltbelastungen-der-landwirtschaft
- Umwelteinwirkungen durch Luftverunreinigungen, Geräusche, Erschütterungen und ähnliche Vorgänge: www.gesetze-im-internet.de/bimschg/index.html WHO - Luftqualitätsrichtlinien 2021: www.apps.who.int/iris/handle/10665/345329

Erdöl

- Energiemanagement: www.energiemanagement-und-energieeffizienz.de/www.unitjuggler.com
- Klimabilanz, Saisonkalender von Obst und Gemüse, Nachhaltigkeitsstrategie, Publikationen: www.umweltbundesamt
- Mikroplastik, Einkaufsratgeber BUND: www.bund.net/meere/mikroplastik/
- Mikroplastik, Fraunhofer, www.initiative-mikroplastik.de
- Müllsammelaktionen und -projekte: www.letscleanupeurope.de / hwww.cleanuptheworld.org
- Plastikatlas, Heinrich Böll Stiftung: www.boell.de/de/plastikatlas
- Tox Fox App, BUND
- Wie viel CO_2 kompensiert ein Baum? www.meinklimaschutz.de/ueber-uns/mein-klimaschutz-ziele-zahlen-fakten/#c104191 und Merkblatt Bayerische Forstverwaltung, Kohlenstoffspeicherung von Bäumen

Metall

- Metallrecycling: www.umweltbundesamt.de/tags/metallrecycling
- Schwermetall-Emissionen: www.umweltbundesamt.de/daten/luft/luftschadstoff-emissionen-in-deutschland/schwermetall-emissionen

Holz & Papier

- Altpapier: www.umweltbundesamt.de/daten/ressourcen-abfall/verwertung-entsorgung-ausgewaehlter-abfallarten/altpapierBundeswaldinventur: www.bundeswaldinventur.de
- Papierverbrauch: www.nabu.de/umwelt-und-ressourcen/ressourcenschonung/papier/30377.html / www.wwf.de/themen-projekte/waelder/papierverbrauch/zahlen-und-fakten
- The State of the world's forests: www.fao.org/state-of-forests/en/

Strom

- Energieberatung: www.verbraucherzentrale-energieberatung.de
- Grillkohle 2020 – Eine EU-Marktanalyse: www.wwf.de/2020/november/brandheiss-mit-tropischer-grillkohle-den-regenwald-verheizen
- Repair Cafés: www.repaircafe.org
- Reparatur Initiative: www.reparatur-initativen.de
- Stromverbrauch: www.umweltbundesamt.de/daten/energie/stromverbrauch

Ernte- und Lebensmittelreste

- Lebensmittel richtig lagern, BzfE, Bundeszentrum für Ernährung: www.bzfe.de/nachhaltiger-konsum/lagern-kochen-essen-teilen/lebensmittel-richtig-lagern/
- Lebensmittel teilen, Foodsharing: www.foodsharing.de
- Lebensmittel wertschätzen, BmEL, Bundesministerium für Ernährung und Landwirtschaft: www.lebensmittelwertschätzen.de
- Lebensmittelverschwendung vermeiden (Homepage und App): www.zugutfuerdietonne.de
- Nachhaltigkeitsstrategie, Publikationen: www.nachhaltigkeitsstrategie.de/service/publikationen
- Resterechner, Die Verbraucher Initiative e. V.: www.resterechner.de

Immaterielles

- Bundesverband deutscher Gartenfreunde e. V.: www.kleingarten-bund.de
- Mietacker: www.ackerhelden.de/www.meine-ernte.de
- Netzwerk Solidarische Landwirtschaft: www.solidarische-landwirtschaft.org

REGISTER

BILDNACHWEIS

Mit 203 Farbfotos von
Flora Press (74): /Antje Michaelis-Haeg: 169; /Bildagentur Beck: 161; /BIOSPHOTO: 68 Mi., 69 o.re., 83 o.re., 109, 111 o.li., 111 o.re., 167 o.; /Botanical Images: 154/155, 156 o., 156 u., 159 o.; /Christine Ann Föll: 136 re; /Daniela Kunze: 16 o., 94, 116 o.; /Edition Phönix: 89; /Evi Pelzer: 6/7, 50 u.; /flora production: 151 u.; /gartenfoto.at: 81 o.re., 84, 136 o.li., 149; /GWI: 116 u.; /Helga Noack: 59 u.Mi., 119 o.; /Ingrid Gorr: 164; /Jürgen Becker: 16 u.; /Karin Goldbach: 52; /Kubacsi: 69 o.li.; /Mandy Bradshaw: 160; /Martin Hughes-Jones: 96 Mi., 108 Mi.li., 108 u.Mi.; /Melli Freudenberg: 54/55 Mi.; /Meyer-Rebentisch: 70 o.li., 71 u.li., 116 Mi., 162; /Mint Images: 3 li., 8 o., 91, 112/113, 128 Mi.; /natureinstock: 21 re.; /Otmar Diez: 59 Mi.re, 60 li., 69 u.re, 70 Mi., 72/73, 83 o.Mi.; /Redeleit&Junker/U.Ni: 71 Mi.li.; /Royal Horticultural: 35, 59 o.re.; /Sabrina Rothe: 141; /Sibylle Pietrek: 54 li., 59 u.li., 111 u.re., 127 o., /Spring: 32; /Sylvia Schwarz: 159 u.re.; /Teubner Foodfoto; 71 o.li., 152 o., 153 o.; /Ute Klaphake: 8 u., 27, 114 u., 128 re.; /Virginie Quéant: 168; /Visions: 18, 57 u.re., 152 u.; **GAP Photos** (19): 98/99, 115, 119 u.li., 119 u.re., 129 (alle 4)o.li.; /Gary Smith: 111 u.li.; /Graham Strong: 3 o.re.; /Hanneke Reijbroek: 93; /Howard Rice: 37 (alle 4); /J S Sira - Design: Elaine Hughes: 127 u.re.; /Pernilla Bergdahl: 56 re.; /Piru Pictures: 136 Mi.li; /Robert Mabic: 114 o.; **Manuela Gaßner** (43): /Abir Bhattcharyya: 5; /Manuela Gaßner: 3 Mi.re., 21 li., 24, 30/31, 36, 42, 43 (alle 5), 45 re., 48/49, 50 o., 53 (alle 3), 56 li., 57 li., 59 o.li., 60 re., 79, 81 u.re., 82 Mi.li. (genehmigter Aufnahmeort Staudengarten Hochschule Weihenstephan-Triesdorf), 86/87, 97 o., 107, 108 o., 108 Mi.re., 122, 131 o.re., 131 u., 134, 139 re., 140, 142/143, 144, 147 o.re., 151 o., 165, 167 u.re., 176; **Thomas Heß** (9): 85 (alle 5), 110 (alle 4); **Shutterstock.com** (57): /Africa Studio: 101 o.; /aga7ta: 69 u.li.; /AlDa.team : 66; /AlexBuess: 70 o.re.; /Anna Nikonorova: 82 o.li.; /Benjamin Clapp: 103 o.li.; /casanisa: 153 u.; /CorneliaP: 125 u.li.; /Cristina Annibali: 82 u.li.; /Evan Lorne: 45 li.; /FotoHelin: 131 Mi.li.; /Gabriele Rohde: 11; /Gambarini Gianandrea: 132/133; /Graham Corney: 64; /GRSI: 103 Mi. li.; /HHelene: 118; /Hue Ta: 131 Mi.re /Irra: 29; /Jacob Lund: 102, 104; /jessicahyde: 97 Mi.; /Jolanda Aalbers: 68 u.re.; /JPC-PROD: 65; /Katho Menden: 15; /Kathrine Andi: 14 Mi.; /La Renaissance Girl: 81 Mi.re.; /Lana_P: 125 Mi.li.; /Manfred Ruckszio: 71 Mi.re.; /Margo Photography: 14 o.; /MarinStefan24: 97 u.; /Mehriban A: 145; /mizy: 96 o.; /MNStudio: 120/121; /Mykola59: 101 u.; /Nick Fox: 125 o.li.; /Nick N A: 82 Mi.re.; /Photodigitaal.nl: 103 u.li.; /photosoft: 76 li.; /Rafael Berlandi: 74; /Repelsteeltje: 95 Mi.; /Rich Carey: 13; /Romija: 92; /romiri: 47; /Sabrina Bracher: 163; /SeDmi: 125 u.re.; /Simon Kovacic: 23 li.; /SIVStockStudio: 105; /SUE WETJEN: 2, 23 re., 147 o.li.; /SusaZoom: 96 u.; /UllrichG.: 76 re.; /Valentina Razumova: 103 Mi.re.; /Vladyslav Horoshevych: 10; /Wirestock Creators: 139 o.; /Wut_Moppie: 95 o.; /Zhukovskaya Elena: 95 u.; **Gartenbildagentur Strauss** (1): Friedrich Strauss : 55 re.

Mit 24 Farbzeichnungen und Infografiken von
Shutterstock.com/m.malinika: 28; alle anderen von Claudia Bernhardt, Berlin.

IMPRESSUM

Umschlag- und Klappengestaltung von GRAMISCI Editorialdesign/ Isabelle Fischer, unter Verwendung von 20 Farbfotos von **Flora Press** (6): /Botanical Images: Innenklappe vorn Nr. 10; /Gudrun Peschel: Innenklappe hinten u.re.; /GWI: Innenklappe hinten u.li.; /Jürgen Becker: Innenklappe hinten o.re.; /Mint Images: Innenklappe vorn Nr. 6; /Otmar Diez: Innenklappe vorn Nr. 3; **GAP Photos** (1): Innenklappe vorn Nr. 5; **Manuela Gaßner** (5): /Abir Bhattcharyya: Innenklappe vorn Nr.1; /Manuela Gaßner: Innenklappe vorn Nr. 2, 4, 9; /Ron Gaßner: Außenklappe hinten; **Getty Images** (1): /sanjeri: Umschlagrückseite; **Andreas Lauermann** (1): Umschlagvorderseite; **Shutterstock.com** (6): /Donna Gibbs: Innenklappe hinten o.li.; /Gambarini Gianandrea: Innenklappe vorn Nr. 8; /Ian 2010: Innenklappe hinten Mi.li.; /Jukov studio (Außenklappe vorn); /Mariola Anna S: Innenklappe hinten Mi.re.; /MNStudio: Innenklappe vorn Nr. 7.

Mit 223 Farbfotos und 24 Farbzeichnungen.

Pfizerstraße 5–7, 70184 Stuttgart

ISBN 978-3-440-17661-0
Projektleitung: Carolin Küßner
Redaktion und Bildredaktion: Carolin Küßner
Gestaltungskonzept: GRAMISCI Editorialdesign, München
Gestaltung und Satz: Katrin Kleinschrot, Stuttgart
Produktion: Klaus Jost
Druck und Bindung: Gugler GmbH, A-Melk/Donau
Printed in Austria / Imprimé in Autriche

Blick in die Zukunft: Wie wollen wir leben?

Grüne und somit lebenswerte Städte wird es in der Zukunft nur geben, wenn wir jetzt handeln. Handlungsbedarf gibt es in allen Bereichen: Mobilität, Landnutzung, Energieversorgung und städtische und regionale Entwicklung. Im Garten können wir zu allem etwas beitragen.
Die eigene Person und der eigene Garten oder, noch kleiner, der eigene Balkon scheinen in diesem großen globalen sich überhitzenden System ein Tropfen auf den wahrlich immer heißer werdenden Stein zu sein. Aber tatsächlich überhitzt sich das System, weil viele einzelne Personen Entscheidungen treffen – und genauso, durch Entscheidungen vieler einzelner Personen, können die Gegenwart und Zukunft positiv gestaltet werden.
Was müssen wir jetzt dafür tun? Die Reflexion über „Wie wollen wir leben?“ kann uns viele Hinweise geben. Saubere Luft, sauberes Wasser, gute Böden, eine hohe Biodiversität, ein verträglicher Klimawandel, gutes, gesundes Essen und Beziehungen sind hierbei ganz zentrale Punkte.
Durch einen ressourcenschonenden und ökologischen Garten können wir einen vielfältigen Beitrag leisten. Auch wenn Garten oder Balkon klein sind, ist es doch die Summe der Handlungen von einzelnen Menschen, die Gutes bewirken können.
Eine sozial-ökologische Transformation unserer Gesellschaft basiert auf den vorherrschenden Wertvorstellungen und gelingt, wenn immer mehr Menschen davon überzeugt sind, dass soziales und ökologisches Handeln über kurzfristigen Gewinnen stehen. Doch allein die Überzeugung reicht noch nicht aus, das Handeln bringt die Veränderung und dafür muss man motiviert sein. Gegenspieler der Motivation sind Perfektionismus, Schwarz-Weiß-Denken oder zu glauben, es bringt eh nichts oder es ist zu spät.
Kein Garten ist perfekt und es ist nie zu spät Gutes zu tun: Der beste Zeitpunkt zum Anfangen ist heute!

„Die Zukunft hat viele Namen: Für Schwache ist sie das Unerreichbare, für die Furchtsamen das Unbekannte, für die Mutigen die Chance.“

Victor Hugo, französischer Schriftsteller